大国战略

PEDRO BAÑOS

ASÍ SE DOMINA EL MUNDO

Desvelando las claves del poder mundial

世界是如何被统治的

[西班牙] 佩德罗·巴尼奥斯 / 著

刘洋 / 译

浙江人民出版社

图书在版编目（CIP）数据

大国战略：世界是如何被统治的 /（西）佩德罗·巴尼奥斯著；刘洋译 . —杭州：浙江人民出版社，2021.3（2021.12 重印）

ISBN 978-7-213-09883-3

Ⅰ . ①大… Ⅱ . ①佩… ②刘… Ⅲ . ①地缘政治学—研究 ②国际关系—研究 Ⅳ . ① D5 ② D81

中国版本图书馆 CIP 数据核字（2020）第 268507 号

浙 江 省 版 权 局
著作权合同登记章
图字：11-2019-319 号

大国战略：世界是如何被统治的

［西班牙］佩德罗·巴尼奥斯 著 刘洋 译

出版发行：浙江人民出版社（杭州市体育场路347号 邮编 310006）
市场部电话：（0571）85061682 85176516
责任编辑：傅 越 郦鸣枫
特约编辑：魏 力
营销编辑：陈雯怡 赵 娜 陈芊如
责任校对：朱 妍
责任印务：刘彭年
封面设计：人马艺术设计·储平
电脑制版：北京弘文励志文化传播有限公司
印 刷：杭州丰源印刷有限公司
开 本：710毫米×1000毫米 1/16 印 张：16.5
字 数：200千字 插 页：4
版 次：2021年3月第1版 印 次：2021年12月第3次印刷
书 号：ISBN 978-7-213-09883-3
定 价：88.00元

如发现印装质量问题，影响阅读，请与市场部联系调换。

致读者

本书是我过去 25 年工作和研究的总结，既收录了一些我在报纸和杂志上发表的文章，也收录了我参与编著图书的序言和部分章节，还有一些内容来自我过去 25 年间在军事机构、大学、研究中心和基金会等讲授的数百节课程和讲座的讲义。内容涉及地缘政治、战略、情报、国防安全、恐怖主义等主题。我在武装部队总参谋部高级学院教授战略和国际关系课程多年，也曾在国防部地缘政治分析部门担任负责人，其间积累了大量经验，并总结了大量教训，均在本书中予以呈现，这是书中最具有实用价值的内容。

为了对上述内容加以完善，我还查阅了大量参考书目。我想提醒读者的是，为了方便阅读，我不是原封不动地摘录参考书目中的文字，而是在不改变原意的前提下，对文字进行适当的解读和注释。本书所面向的不仅仅是上述主题的爱好者，还有最广大的读者，包括出于好奇或消遣目的而阅读此书的读者。

读者也许会注意到，一些战略问题有交叉，这是因为所给出的历史事例是为了说明多个战略问题。在书中，我提到某些国家的次数之所以多于其他国家，是因为这些国家更有实力，更能够在世界范围内运用这些战略，并发挥影响力。这并不意味着我反对某些国家的意识形态或宗教信仰，我也未对任何人怀有敌意，除了那些明显地虐待贫弱群体的人——为了更好地控制这个群体，他们总是想办法迫使这个群体更加愚昧无知。

为了使著述尽可能严谨，我上网查阅了各种说法和高度专业化的资料，验证和对比书中提供的数据。在脚注处，我标注了资料的来源，以便读者扩展阅读内容。

尽管如此，本书也很难做到完美无瑕。亲爱的读者，如果您发现任何错误或纰漏，欢迎您指正。您可以通过以下电子邮件地址与我联系：director@geoestratego.com。

FOREWORD | 序　言

权力的本质是影响对手的行为。

——《地理的报复》作者，罗伯特·D. 卡普兰

从远古时代起，强国就总想将其意志和影响力扩张到能力所及的地方。不过直到16世纪，这种权力的扩张还只是在有限的地域内进行。随着美洲新大陆的发现，这种扩张的范围日益扩大。工业革命成了推动这种扩张向未知地区甚至是向地球深处发展的新动力。

随着时间的推移，虽然权力的归属一直在变化，但是权力拥有者的野心总是一样的。他们想要征服在扩张过程中所遇到的对手，想要阻止对手在军事、经济或宗教方面的发展，以避免对手赶上或超越自己。这一历史常识现在依然存在，不会随着时间推移而失去效力。正如人们所见：技术会进步，实现人类愿望的方式会改变，但是征服和统治他人的野心不会变化。地缘政治已经变为“地缘权力”（也可称为“地理控制”或“地理统治”）

的一种工具，用来控制全世界或者世界大部分地区，同时避免被其他人所征服。

这就是为什么有必要知道强国如何控制和统治其周围的世界的原因。有些战略已经被使用了几个世纪，而有些战略则是近些年才被使用。即使世界发生了某些变化，也没有任何迹象表明将来强国会停止使用这些战略。本书所讨论的27个地缘战略，只不过是地缘权力的实际应用，即将权力拥有者如何在国际领域开展行动和发挥影响具体化了。

了解上述战略将使我们保持清醒和警惕，以免成为世界上某些人手中的玩偶。我们必须意识到，外部世界存在威胁我们生命的重大隐患，而且摆脱这些隐患是十分困难的。

我们认为我们是自由的，可以自主选择我们的品味、穿着或行为方式，自主决定吃什么或如何打发时间。但事实上，我们一直被引导着采取行动、做出决定和表明态度。随着这种微妙性与日俱增，为我们做决定的人不断向我们强加某种生活方式、社会模式和意识形态，以使我们屈从于他们的意志。这在今天比以往任何时候都更加真实，因为“后真相”这个词已经风靡起来，它被用于定义全球背景下的虚假信息。不过，将“后真相”这个词称为“前谎言”“多种谎言”或“多个谎言”会更准确，因为其主要向公众传播的只不过是一个伪装成真理的虚假谎言。

只有了解到这些地缘政治的现实，我们才能确定，要打造一个真正以人类安全为第一要务的世界，还有很长的路要走。

CONTENTS | 目　录

第一章　从地缘战略到角逐世界：统治世界的秘密

西方国家的问题在于自由民主政体缺乏可持续的战略，并且将战略与战术混为一谈。

——亚历山大·德·马朗什

要理解“地缘政治”这个词的现实意义，仅仅了解其传统意义是不够的。在不忽略传统意义的前提下，我们必须更进一步将地缘政治置于当前的世界环境之中进行界定和解读。

根据普遍认同的观点，可以通过与其相关的地理位置和历史背景来理解和解释政治事件，甚至证明其合理性。这种研究方式认为，存在一系列地缘政治常数，这些常数永恒不变地构成了从过去到现在重复发生事件的发展框架。

一方面，在重视这些方法的前提下，当前的地缘政治研究需要更广泛和更深入的视角。随着全球化的不可逆转和各国相互依存程度的日益加深，地缘政治（Geopolitics）的研究范围已经从只局限于地理和土地（“Geo”这个前缀把它的词义限制在了“一块特定的领土和一个非常特定的物理空间”之内）转向了涵盖整个地球。因此，即使是最小的国家，也必须制定自己的地缘政治战略，因为世界其他地方所发生的事情都会以这样或那样的方式影响到这些国家。如今，这种影响甚至已经波及地球以外的太空，因为人类既要到地球之外寻找新资源，也要到外太空寻找其他空间，以容纳有限地球空间内不断增长的人口，这使得现代地缘政治学不得不关注地球外的空间。

另一方面，地缘政治研究不仅要深化对过去和现在的研究，还要着眼于对未来的探索，这使得该领域的研究获得了极大的动力。如果我们能够预料到未来几年各种事件将如何发展，我们就可以采取有力的行动以捍卫自己的利益，当然，这必须符合全人类的利益。

在《西班牙皇家语言学院西班牙语词典》中，“政治”一词的前两个释义为本研究提供了有价值的信息。第一个释义是“关于国家和政府的艺术、学说或观点”，第二个释义则是“管理或渴望管理公共事务的人的活动”，第二个释义也可以理解为管理同类命运的愿望。

因此，当前的地缘政治可以被定义为：为了影响国际事务而开展的活动。我们可以将从事这种活动的愿望理解为：想要在全球范围内施加影响，同时希望避免受到其他国家的影响。我们也可以将其具体理解为“那些想要管理全世界（或世界大部分地区）的决策人所进行的活动”，这些人试图阻止其他人干预他们的决策。

尽管在术语上有所创新，地缘政治仍然与地理环境密切相关，其中包括山脉、海峡等地形因素，也包括依靠不同自然资源（能源、矿产、水等）得以定居的人口。

尽管并不那么重要，我们也不应该忘记，地缘政治会对其他不太明显的领域起作用，例如经济和金融。

正是因为它涵盖的范围十分广泛，地缘政治这个“新生儿”成了国家一系列政策的“制造者”。一国之内所发生的事情，很少或者几乎不能与国际形势、世界主流趋势和共同风险隔绝开来。在全球范围内，复杂性和混乱性会继续增加，因此，地缘政治决策者越来越有必要掌握精确的情报，以预见未来可能发生的事件。

在建立地缘政治指导方针（“什么”）的过程中，必须首先确定国家的需要和利益需求（“为了什么”）。因此，相关的战略转变为地缘战略，也就是为达到地缘政治目的所需的程序、行动和手段（“如何”和“用什么”）。换句话说，地缘战略是指将为实现地缘政治目标而制定的纲领付诸实践。

第二章　大国的性格：统治世界的前提

管理国际关系比指导国内事务更棘手和受限。

——罗伯特·D. 卡普兰

世界就像校园。在世界上的每所学校中，都有男孩和女孩控制着自己周围的小圈子。他们是所在班级或年级权威组织的主要成员，受到每个人的尊重和敬畏。在下课或放学后，这种权力等级尤其明显。特别是在操场上可以看出谁具有影响他人的能力，这种能力受许多因素影响，例如强壮的体魄、天生的领导能力、运动能力、强大的家庭背景、良好的口才以及教师的青睐等。

那些占主导地位的孩子可能以有益于班级的方式行事，引导整个班级积极向上。但是，他们通常也是麻烦的制造者，会趁老师不注意，组织一些违反学校规章制度的活动。更有甚者，他们会对比较弱小的同学进行身心上的霸凌。

一些寻求保护和被认可的孩子，则习惯于围绕在那些领头者的周围，成为追随者。他们会在领头者讲笑话时大笑，会在领头者嘲弄弱者时鼓掌，还会在领头者展示自己的才能时欢呼。简而言之，那些追随者宁愿丧失部分人格，也要成为领头者的拥趸，只是因为这个团体会给予他们一定的地位。

为了能够这样行事，领头者及其追随者需要周围的人持续不断地肯定他们。除了轻视那些不具有相同社会地位，或者在学校最受欢迎的运动中玩起来不如他们的孩子，他们还会将一些不幸的孩子作为他们投掷“毒箭”的目标，因为这会使他们产生优越感。如果这些不幸的孩子碰巧是出色的学生，那么他们就更有理由针对这些不幸的孩子了，因为他们必须防止后者成为他们的竞争对手，对他们的地位构成威胁。对于后者来说，如果缺乏足够的智慧或家庭支持，可能最终会受到不可挽回的伤害。而其中一些受害者为了避免被打击，则可能希望成为追随者。

可能你也会发现，有一些孩子会拒绝领头者的领导或者整个团队的压力；另有一些孩子虽然具备某种能力，但是根本不想结成团伙，也不想对谁施加什么影响，他们只想在好好过自己的生活的同时，避免对其他人采取不恰当的行为；还有一些孩子独来独往，坚决不参加任何团体活动（无论是积极的，还是消极的），但是当有人诋毁他们时，他们会做出过激的反应。

对于必须共同度过许多时光的群体来说，例如士兵、在押犯人等，情况也是如此。国际领域也一样，只是其成员是能够不同程度地影响全球决策的国家。

1．虚伪和残忍：国际政治的真实品格

征服者永远是和平的爱好者。他想在没有遇到反对意见的情况下，扫清通往他国领土的道路上的障碍。

——卡尔·冯·克劳塞维茨

没有什么比国际政治更为虚伪和残忍，因为每个国家的所作所为，都是以自己的利益为基础，而每个国家的利益总是不断变化的，与其他国家的利益很少相关或者完全无关。国家政策也是无情的，不会顾及政治对手的感受。为了削弱和击败政治对手，一方会采取一切自认为合理的手段，其唯一目的就是打压政治对手。尽管意识形态不同，对利益的解释也不同，但是所有政治团体都追求同样的目标，即实现国家和公民利益的最大化。

就国际政治而言，没有共同目标（就算有，也不长久）能抑制最

低级的本能，也没有一丝温暖能凝聚人心。共同利益是如此脆弱，很快就会被其他事情代替，因此许多联盟关系或敌对关系总是以自相矛盾的方式解散或以惊人的速度转换。处于永久竞争状态的各方，会相互使绊子，以获得更大的利益。

即使出现共同的危险或威胁，例如气候变化，竞争状态也不会受到真正的影响，因为每个国家都专注于自己的利益。通常一个国家越强大，就越不关心其他国家的需求。尽管这样说有点草率，但是事实上很难让所有国家都采取有利于整个人类的共同决策，除非外星人入侵。无论是过去、现在还是未来，每个国家只会关注自己的兴趣点并为自己的利益行事，哪怕他们完全意识到这可能对其他国家造成直接或间接的损害。

在国际关系中，总是由强权主义者引导和制定规则。对于这种情况，英国军事历史学家迈克尔·霍华德用这句话进行总结："通常，对维护和平表现出更大兴趣的国家，是那些拥有更多武器的国家。"这充分体现了霸权主义者的极度虚伪。

2．支配者与被支配者：大国的权力游戏

强者做其想做之事，弱者不得不承受。

——修昔底德

对世界具有不同影响力的国家共存于一个大舞台，这些国家可以分为两种类型：支配者和受支配者。支配者在某些区域或全球范围内实施控制；受支配者会以不同的方式（军事、经济、文化、技术等）被支配，有时不得不屈从于支配者的统治。

不管出于什么原因，自认不够强大的国家（是否拥有核武器是一个重要区分标准）总是寻求大国的庇护。至少在理论上，大国会保证为小国提供安全保护和外交豁免权。就纯粹的战略手段而言，核大国所能提供的保护，就是当小国面临联合国制裁时，以联合国安理会常任理事国身份对其加以保护。

一个弱国受到其他好战国家的攻击时，不得不依靠强悍的第三方。以叙利亚为例，叙利亚总统巴沙尔·阿萨德不得不接受俄罗斯的帮助，而俄罗斯在这个过程中，当然也追求自己的利益——防止美国及其盟友所支持的叛乱分子，对俄罗斯的力量造成冲击。

当一个国家自认为不具备足够的地区影响力或世界影响力时，便会与其他国家结盟。一些国家笃信俾斯麦所说的“认为自身力量足够强大、能够捍卫自己的领土和利益，并选择完全孤立的国家，最终会在其他国家的重压下消失”，强调结盟的重要性。当不得不与其他国家结盟时，依附性可以达到如此之深：一些国家，甚至是中等规模的国家，被超级大国拖入与自己利益完全无关的军事冒险中；有些政府会把军队派往与本国利益无关的远方，尽管善于取悦当政者的理论家会抛出一些理由来证明政府这种行为的合理性，如提前防御、保护人权、推广民主价值观等。但在许多情况下，这些“充当伴唱者的国家”的唯一收获就是树立了根本没有必要树立的新敌人。由于这些国家在远方采取了军事行动，或只是在某种程度上损害了恐怖主义组织的利益，其本土通常会受到攻击；有时，这些国家的公民对目的模糊的军事行动不予支持，从而导致社会动荡或政府下台。

也有少数国家不参加任何联盟，它们没有足够的实力成为支配者，也不想被有实力的大国以任何方式支配，因此被某些国家定义为“叛乱分子”。2015年2月美国发布的《国家安全战略》中，“叛乱分子”

一词被“不负责任的国家”所取代。但是，就像那些想要游离于学校主导群体之外的孩子一样，拒绝参加权力游戏、想要走自己的政治和社会道路的国家会冒一定的风险，它们必须确保自己能在施行孤立主义外交政策的情况下生存下去。

还有一些国家，如沙特阿拉伯、土耳其、埃及和伊朗，走了另一条路。这些国家都是区域性领导者，渴望继续扩大影响力。但是，它们并不想成为全球性大国，更不想得罪与其若即若离的超级大国。同时，它们也不甘心沦为大国的附庸。

政治学家兹比格涅夫·布热津斯基也提出了一个类似的概念，他认为存在着“战略参与者”和“地缘政治支点”。前者是指有能力和意愿在国外行使权力或发挥影响力，并且能够改变地缘政治现状的国家。这些“战略参与者”一般是重要且强大的国家，但是并非所有重要且强大的国家都是“战略参与者”，因为这取决于该国是否愿意参加这种权力游戏。“地缘政治支点”是指这样一类国家：他们地理位置特殊，能够限制其他国家获取某些资源或进入某些地区，例如乌克兰、阿塞拜疆、土耳其、伊朗等。

3．不择手段：人类斗争的真相

人与人的冲突、族群与族群的冲突，都是利益、观念和文化多样性的必然产物。武装冲突则存在于任何国际体系当中。修昔底德在讲述伯罗奔尼撒战争时提到，那场战争的真正原因是：雅典的日渐强大引起了斯巴达的恐惧，使斯巴达不得不发动战争。这个理论被称为“修昔底德陷阱”，它可以解释在历史上发生的任何事情或者未来可能发生的任何事情，因为拥有权力的人将会不择手段地阻止其他人在任何领域威胁其霸权。尽管人们试图避免这种斗争，但是人类群体之间的斗争却是永恒存在的。虽然斗争形式会改变，斗争的血腥和野蛮程度有大有小，斗争方式或显而易见或不可察觉，但是斗争永远不会终结。这无疑是一种悲观的看法，但是我们所看到的一切，都使我们不得不承认现在和将来的情况也是如此。

1929年，国际联盟委托莫里茨·波恩和安德烈·齐格弗里德编写了一份名为《影响世界和平的经济趋势》的报告。这两位学者得出的结论是，在历史上的大部分时间里，既得利益的国家总想在权力和财富方面保持其特权地位，而未得利益的国家则渴望获得财富以变得更富裕或渴望获得权力以变得更强大。可以说，什么都没有的人想拥有某些东西；拥有一些东西的人还想要更多，而拥有一切的人则害怕失去。个人和国家都是如此，都是自私和野心使然。

中国军事科学院的彭光谦将军和姚有志将军认为，《吴子》表明，在战国时期（前475—前221年），人们参加战争的动机有五种：一曰争名，二曰争利，三曰积恶，四曰内乱，五曰因饥。曾于1970年至1981年期间担任法国情报部门负责人的亚历山大·德·马朗什伯爵明确指出，目前的国际冲突主要表现在控制原材料，以及通过媒体、教会、教育等方式控制人类心理的斗争。伯爵的发言出现在互联网和社交网络爆炸之前的1986年，时至今日，网络的发展已经成倍地加强了领导者对群众的心理操纵。

斗争的目的一直都是为了争夺权力、地位，以及对人和资源的控制。在任何时候，为了达到目的，斗争者都会使用一切可用的手段，并将获胜的雄心变为纯粹的统治欲望。如果使用暴力是取得胜利的最有效手段，所有斗争者都会毫不犹豫地使用它。

俾斯麦曾说："感恩和信任不会让任何一个人站在我们一边；但恐惧却可以，前提是我们知道如何有技巧地、谨慎地利用这种恐惧。"他明确指出，无论是使用或威胁使用武力、暴力，都会对关系产生决定性的影响。尼可罗·马基雅维利说得更直白：被害怕比被爱更有用。一方面，只有恐惧能在短期内发挥作用并助长仇恨，产生不可预测的后果；另一方面，让别人喜欢自己的愿望，会被别人当作明显的弱点，并以此为媒介，控制自己的上级甚至夺取上级的权力。

正如老话所说："有的人是出于爱而行动，有的人是出于恐惧而行动，还有的人是出于信念而行动。"实际上，人们的行为是这三者共同作用的结果。在国际关系中，至关重要的是要知道如何在关键时刻让别人站在你这边；同时还要了解，同一战略不可能永远奏效。即使仅作为最后的手段，对武力的恐惧也是一切国际关系的基本要素。很明显，谈判和对话只能与愿意倾听、相互理解且有理性的人进行；礼节和说教在暴力和野蛮面前是无能为力的。无论多么令人遗憾，但是不得不说，有些人只有在受到武力威胁时才会做出反应。

4．战争的唯一目标：不惜一切赢得胜利

即使人类能设法避免一切危险，他们也永远不能消除那些想要消灭同类的人所制造的危险。

——德莫斯特内斯

只要有人类群体想要把自己的意愿和生活方式强加于他人，战争就将作为国家执行其意志的暴力手段而存在。即使是最爱好和平的群

体，也必然会在反击和屈服之间做出抉择。康德悲观地认为，战争本身并不需要特别的动机，其似乎植根于人的本性当中。他说："人类的自然状态不是和平，而是战争。"这种说法并不新，柏拉图就曾预言："城邦之间的战争将是持续和永恒的，这是自然法则。"伊拉斯谟认为："战争是如此残酷，更适合野兽而非人类。"这完全体现了"战争所反映的兽性本质、战争所释放的暴力循环和战争所带来的低级本能"。人类的恶劣本质通过战争暴露出来，并且被放大。战争一旦爆发，动用武力就会有更充分的理由。从那时起，参战者就只有一个目标：不惜一切赢得战争。如何赢得战争则显得无关紧要，即使是使用最无法想象的手段也无所谓。

2007 年 5 月 9 日，弗拉基米尔・普京在纪念苏联卫国战争胜利 62 周年之际发表讲话时说："我们有责任记住，任何战争都源于和平时期对国际形势的误判，都源于对抗和极端主义的意识形态。记住这一点对今天来说非常重要，因为今天类似的威胁并未减少，只是改变了外在表现形式。这些新威胁表现出对人类生命和全世界共同愿望的蔑视。"他所说的威胁可能来自"圣战主义运动"和美国。但是毫无疑问，无论如何，他的言论反映了人类固有的"雄心壮志"，那就是凌驾于他人之上。

法国将军、地缘政治学家皮埃尔・M. 加洛伊斯认为，强者并不总是首先发动战争。英国军事历史学家和思想家 J.F.C. 富勒说："失败者想占有强者财富的愿望并没有什么不合逻辑的。"所谓的"西方世界"约有 9 亿人口，但是目前在这个星球上还有另外 66 亿人。这 66 亿人有不同的文化视野，并在某种程度上被认为是社会发展和全球化的输家。显而易见，地球上的大多数居民都渴望扭转目前的局面并成为特权阶层。"西方世界"狭义上指欧洲、美国、加拿大、澳大利亚和新西兰。从更广的角度来看，也包括其他发达国家，如以色列等国。

在地区性暴力盛行的全球背景下，曾担任过美国国家安全顾问和国务卿的政治家亨利·基辛格指出：两个超级大国常常像两个全副武装的盲人，同处一室，到处摸索，他们都以为对方目光如炬，相信自己正受到致命的威胁。时间一长，两者都可能给对方造成巨大伤害，更不用说对他们所处的房间（地球）造成的破坏了。这种情况已经发生而且可能再次发生，因为当今全球超级大国拥有巨大的破坏力，所以将对人类造成巨大的威胁。解决这种情况的唯一方案是大国之间的定期对话，但是鉴于某些大国想要完全称霸全球的野心，这似乎是一个乌托邦式的梦想。

记者兼政治分析家罗伯特·D.卡普兰强调了这一主要问题，他说："世界继续处于自然状态，在这种状态下，没有霍布斯主义的利维坦惩罚不公正者。"他的意思是，虽然已经建立了一个旨在"惩治国际不公正行为"的国际法律体系，但是强国总是能设法逃避法律的惩罚，同时又能对弱国严格执行这种法律。当前的地缘政治准则，是中小国家希望国际关系建立在国际法的基础之上，即无论各国的规模和实力如何，国际法对所有国家都应该是真正公平和公正的。然而，强国想把国际关系建立在实力、地缘政治权重和影响力的基础之上。

经常出现的一个问题是国际关系中使用武力的合法性问题。这往往被认为是善与恶的区别。问题在于，对立双方总是认为自己一方是善良、正义和理性的，另一方则是凶狠、邪恶和非理性的。可以说，对正义的理解不同导致了冲突的发生。

另一个问题是，国家之间的政治和军事联盟能否保障更大程度上的集体安全？如果某些国家决定结盟以保障自身安全，那么其他国家也可能结盟作为应对之策，这就可能在大国之间引发一场新的战争，甚至可能是颇具破坏性的战争。由此可见，联盟既不会带来更大的稳定性，也不会使世界减少暴力。

在这个暴力盛行的世界，人类好像无法摆脱原始的野蛮行为。英国军事历史学家迈克尔·霍华德说："有一些人认为现有的秩序不能构建'和平'，并已经准备使用武力来改变我们认为可以接受的秩序。为了维护和平，我们必须提防这些人。"他还警告说，至关重要的是要辨别当前的敌人和潜在的敌人，并了解他们的意图。不要认为开战对一方不利就足够了，因为其他人不一定这么想。

在纷繁复杂的国际关系中，既没有好的国家也没有坏的国家。每个国家都在追求自己的利益，而这种利益越来越变化无常。小国的影响力极小或根本不存在，它们只能通过分析大国的行为会使其受益还是受害，来做出适当的反应。如果孤立主义有益，它们会选择置身于大国的争斗之外；如果孤立主义有害，它们则会选择与其他国家结盟。

任何理想主义式的立场都只会损害国家利益。对于地缘政治来说，对于任何国家来说，没有绝对的好坏之分，只有短期的利害之别。在虚伪和犬儒主义笼罩的世界当中，唯一有效的建议是：依靠你自己的实力。

第三章　一切为了活下去：统治世界的原则

纵观历史，一系列地缘政治原则不断涌现。虽然地缘政治本身随着时间推移、历史演变和技术进步而发生了改变，但是那些永恒的地缘政治原则继续支配着国际关系和世界事务。

1. 生存并强大：国家存在的终极目标

在 19 世纪下半叶，随着工业革命的全面展开，出现了经典的地缘政治概念。这些概念的创造者认为，国家是一个有机体，需要养活自己以求生存和发展。弗里德里希·拉采尔在《政治地理学》一书中做了类比。在这本书中，这位人文地理学的创始人列举了具有普遍性的 7 条法则：

- 国家的空间随着文化的发展而扩展。
- 国家领土的扩张应该与其经济、商业或意识形态的发展同步进行。
- 国家通过纳入或吸收重要性较低的政治实体而成长。
- 一个国家的边界是不断变化的生命体。
- 国家扩张过程中所遵循的主要逻辑是兼并更富裕的领土。
- 一个国家之所以能够扩张，是因为其周边存在着劣于它的文明。
- 吞并和吸收弱国的总体趋势，是占有更多的领土来满足自己的发展需求。

这些法则所隐含的思想是：并非所有国家都是一样的，总会有一些国家的文化、军事或经济发展程度较高，而发展程度高的国家总是试图控制它们认为发展程度较低的国家。拉采尔认为，各个国家为了占据和扩大生存空间而处于永久的竞争之中。在 20 世纪早期，这一点对处于工业化进程中但是缺乏资源的德国来说至关重要，因为它既不像法国和英国那样拥有庞大的殖民地，也不像沙皇俄国那样拥有广阔而富饶的国土。尽管当时的争斗主要发生在邻国之间，但随之而来的全球化过程使对抗的范围扩展到全球。

与上述观点类似，在1899年首先使用“地缘政治”一词的瑞典政治家、地理学家鲁道夫·契伦认为，国家具有生命。作为有机体，国家先是诞生，然后为生存而斗争，继而发展，发挥其影响，最后进入衰竭期并死亡。作为生命体，国家掌握着自己的命运。

每个国家为保证自己的生存，都需要利用地缘政治法则和生存空间法则。这两个法则的忠实继承人、慕尼黑学派以及地缘政治学的创始人——德国人卡尔·豪斯霍弗，在政治思想和政治野心方面，对当时正在走向第二次世界大战（后文简称“二战”）的德国产生了重要影响。这位将军和地理学家曾担任过日本的军事顾问。他认为根据日本所提供的范例，德国的扩张是合理的，因为只有扩张才能确保其满足处于发展阶段的国家需求。生存空间的概念对希特勒产生了强烈的影响。通过豪斯霍弗的帮助，被囚于兰茨贝尔监狱的希特勒阅读了拉采尔的《政治地理学》。豪斯霍弗认为，从军事地理和资源的限制性来看，德国的处境极为不利。拉采尔和豪斯霍弗的思想为希特勒发展自己的思想提供了所谓的科学依据，这在《我的奋斗》一书及希特勒的扩张计划中都有体现。这些理论促成了巴巴罗萨行动，促成了纳粹德国对苏联的入侵，也促成了这位元首渴望为德国获得生存空间所采取的一切行动。

多年以后，皮埃尔·加洛伊斯写道：“争夺空间的战争实际就是人类的历史。这种战争开始是为了生存，接着是为了安全，最后是为了获取最高权力。”加洛伊斯说：“人类受存在主义的驱使，一直在追求扩张主义的目标。尽管这一目标由于人们的需要和能力不同而有所不同，但是这已经成了历史的常态。”这一论断，实际上也遵循了拉采尔和契伦的思想。

直到今天，这些假设仍然完全有效。作为一个有机体，国家必须关注自己的重要需求，该需求既包括维持生存现状的需求，也包括发展和进步的需求。为了满足这些需求，国家必须关注两个不同但密切相关的方面：以食品供应为核心的人口基本需求和以原材料和能源资源为主的工业需求。

2．谁控制了财富，谁就能控制世界

战争有三件事：第一是钱，第二是钱，第三还是钱。

——拿破仑·波拿巴

俄国十月革命的领导人列宁说："政治是经济的集中表现。"这一论断现在依然完全有效，因为经济是人际关系和国际关系的主要推动力。若再加上19世纪普鲁士军事理论家克劳塞维茨的名言——"战争无非是政治通过另一种手段的继续"，就可以用三段论的形式得出结论：战争也是经济的延续。

可以大胆地说，经济现实决定国家所制定的政策，其中也包括战争政策（例如，建立海军主要是为了保护商船队）。同样地，今天的国际政治也可以被描述为经济的产物。

德国历史学家沃尔特·格利茨认为，英荷石油巨头亨利·迪特丁的财政支持对希特勒的崛起起到了重要作用。这位荷兰皇家壳牌集团总裁之所以支持希特勒，是因为他是布尔什维克政权的坚定敌人，而布尔什维克政权占有了壳牌集团在巴库（阿塞拜疆）的石油勘探基地。格利茨还指出，在西班牙内战期间（1936—1939年），美国德士古公司为佛朗哥政权提供了所需的全部石油。作为回报条件，佛朗哥政权不仅偿还了拖欠德士古的债务，还使德士古获得了常年在西班牙独家销售石油的垄断权。德士古时任主席——石油巨头托尔希尔德·里伯为这一行为辩解，称他们必须像共和党人赢得南北战争那样阻止苏联石油涌入西班牙市场。

各国甚至在战时也采取经济措施，以便为和平的到来做好准备。比利时外交官雅克·德·洛奈回忆说，1944年8月10日，来自克虏伯、劳士领、莱茵金属和大众汽车等公司的德国工业代表在斯特拉斯堡会晤，讨论德国战败后，各家公司如何保护其工业资产。在第二次会议上，德国军备部的一位特使敦促工业代表尽快在国外建立秘密基地，为战后发展做准备。

2001年美国反恐安全小组主席理查德·A.克拉克说，经济对于一个国家的安全和稳定至关重要。“9·11”事件后，小布什总统首先关注的是恐怖袭击可能造成的经济损失。他的第一批指示都发给了对维持经济发展至关重要的企业，例如银行、证券交易所、航空公司等。尽管华尔街遭到了严重破坏，但是总统下令，要求一切尽快恢复正常。

在一项联合研究中，马朗什和外交官戴维·A.阿德曼说，意大利曾与利比亚建立密切关系，因为卡扎菲在意大利投入了大量资金，是菲亚特汽车公司的主要股东。2013年，阿卜杜勒·法塔赫·阿西西将军通过政变上台后，一些欧洲国家与埃及政府保持密切经济联系也是出于这个原因。

阿富汗的鸦片生产也是一个经典案例。罂粟长期以来一直是阿富汗人的传统作物，不过在塔利班执政期间，执政者认为种植罂粟违反伊斯兰教教义，禁止人们种植罂粟。然而令人惊奇的是，自2001年美国入侵阿富汗以来，阿富汗的鸦片产量却连年增长，达到创纪录的数字。据说，美国军队曾编写一份报告，详细说明了其他作物可以取代罂粟，其中最能带来利润的是棉花。这是因为阿富汗的气候非常适合棉花种植。但是，当美国棉花生产商得知这一计划后，马上设置一切障碍以阻止这个项目的启动，因为质优价廉的阿富汗棉花将与美国本土棉花形成激烈竞争。

占领市场和控制先进技术越来越重要。可以说，一个国家在国际舞台上发挥作用时，经济武器在某种程度上已经取代了常规武器。

经济也可以对国内政策产生同样重要的影响。法国地理政治学家弗朗索瓦·蒂阿尔将分离主义定义为一个国家的富裕地区利用各种借口，寻求摆脱贫穷地区的过程。这不过是一种驱逐被剥夺权利之地区的集体利己主义形式。

三个支柱：自然资源、能源和技术

温顺的人将继承土地……但不是土地上的矿权。

——保罗·盖蒂

作为典型的资本主义和经济自由主义的产物，对利润最大化的追求让许多国家制定了相应的政策。苏联曾一直遵循传统的按需生产原则组织管理生产和经济，但是苏联解体后，现在几乎所有国家都按照自由贸易的原则来管理经济和组织生产。

在西方国家，商业自由主义和资本主义占有重要地位，经济以追求利润为中心。为了追逐这些预期的利润，公司和国家都需要不惜一切代价进行销售，而且越多越好。为此，面对日益激烈的竞争，各国要获取、维持和扩大可靠和稳定的市场。

为了获得“可销售”商品，各国还需要一系列的要素，这些要素对于最大限度地提高工业生产效率和获取利润至关重要，主要包括：自然资源（如矿物、木材等）、能源（主要是化石燃料和电力）和技术。

因为这些要素是稀缺的、令人垂涎的，所以也是战斗开始的地方。就自然资源而言，其类别是广泛的，包括工业生产能源或高科技产品所需的战略性矿产。

到18世纪下半叶，随着机械化的引入和推广，尽管有一些畜力的辅助，但是动力基本还是来自人类。因此，在大国征服别国的过程中，掠夺奴隶与获取资源成为同等重要的目标。从工业革命开始，对大量需求的原材料（橡胶、矿物等）和能源（蒸汽机械用煤）的争夺成为一种常态。

目前，全世界范围内加速发展的工业正在消耗越来越多的自然资源。根据法国地缘政治学家蒂阿尔的说法，在里根政府执政期间，美国开始进入非洲，目的是控制工业发展所需的矿产和能源资源，甚至是农业资源。蒂阿尔认为，大国之间为控制非洲资源而引发的经济矛盾，是造成非洲大陆冲突的主要原因。他还补充说，乌克兰已经成为美国及其盟国与俄罗斯展开竞争的舞台。美国及其盟国的主要动机是阻止俄罗斯进入黑海地区，以免其争夺克里米亚并控制乌克兰境内的重要自然资源。蒂阿尔和拉彼威尔还指出，北极的核心问题是石油和矿产财富的分配。他们认为，美国正在努力使未来在格陵兰岛上的任何自然资源勘探、生产和贸易活动都由美国公司进行。目前格陵兰岛最大的企业是美国铝业公司。这家公司是全球最大的原铝生产商之一，其产品广泛应用于军事装备、航空航天、运输和建筑行业。

就矿产资源而言，有一系列可能导致紧张局面的问题：许多自然资源稀缺；即使某种资源储量丰富，但因地形复杂、运输困难或环境问题，开采成本很高；矿产资源通常掌握在一个国家或一小群国家手中，而且通常位于不稳定且容易爆发暴力冲突的地区；对工人来说，采矿工作也威胁着身体健康。出于上述这些原因，获得能够持续供应“战略矿产”的良好矿藏是各国及各跨国公司的优先战略。

纵观历史，根据时代需求的不同，人们对“战略矿产”的定义也不同。铜和锡曾是重要的战略矿产，但是在工业革命时期被铁和煤所取代；而如今，铀、铜、锰、锗、铍等都被认为是必不可少的矿产。大国积极储备“战略矿产”，以便在爆发剧烈冲突导致矿产供应被完全切断的情况下，能够维持两到五年的工业生产。尽管在当前政治经济背景下，我们应该从持续的国际经济斗争角度而不是从假设的国家间冲突角度来看待“战略矿产”，但是“战略矿产”一词仍常常被理解为与军事或战争有关。只要最终有利可图，一些大国和企业就愿意付出巨大代价甚至挑战国际法。获得关于某些矿物生产和贸易的可靠数据几乎是一项不可能完成的任务，因为有些国家故意将这些信息隐藏起来，以防有人对其进行详细分析。例如，在美国的官方文件——地质研究所每年出版的《矿物年鉴》中，美国政府承认用于微电子、电信和航空航天行业的一些矿物的交易信息都是不公开的。维基解密披露的美国外交消息说明了这些矿物的重要性及其矿藏资源的地理位置。这份时间为 2009 年的消息，记述了对美国至关重要的自然资源，以及可以找到这些资源的国家，其中是这样描述的：几内亚的铝土矿，刚果的钽铁矿，南非、哈萨克斯坦和印度的铬铁矿，加蓬、巴西和乌克兰的锰，中国的锗、稀土和石墨，印度尼西亚的锡，巴西的铁，俄罗斯的铀、镍和钯。

另一个值得特别关注的国家是阿富汗。根据各种研究和报告，在阿富汗的地下有一个巨大的矿藏，其中许多矿物被认为是战略性的，包括金、铜、铁、钽铁矿、稀土、锂、铬、铅、锌、铍、萤石、铌和铀，以及在历史上就以品质良好而闻名于世的宝石。因此，美国总统唐纳德·特朗普显然受到了 DynCorp 公司总裁斯蒂芬·芬伯格和 American Elements 稀土开采公司的首席执行官迈克尔·西尔弗的鼓动，在 2017 年 7 月末说："矿产开采可能是美国继续干涉阿富汗的一个原因"，"对于开发阿富汗的矿产资源，美国做得远远不够"。

关于能源的地缘政治的最好定义是：控制能源（储备、开采、生产、运输、转化、储存或分配）的斗争。正如政治学家、外交官约翰·G. 斯托辛格所解释的那样，第一次海湾战争的爆发是因为石油。如果萨达姆·侯赛因控制了沙特阿拉伯的石油，他将控制世界石油已知储量的一半，这将对西方国家产生巨大影响。因此，对沙特领土的防御成了美国等西方国家的一个明确的战略目标。能源和自然资源的运输路线也非常重要，特别是承担了 80% 世界贸易运输的海运路线。可以毫不夸张地说，谁控制了海洋，谁就控制了世界市场，就能够在世界占据领先地位。这也就解释了世界上一些地方的战略重要性，如好望角、苏伊士运河、巴拿马运河、霍尔木兹海峡和马六甲海峡等地。

目前，石油和天然气仍然是对全世界都有重要影响的燃料，可以满足个人生活需求以及大规模工业消费。然而，在并不遥远的未来，电力可能会成为最重要的能源来源，这意味着谁控制了电能的生产、储存和运输，谁就有可能统治世界。

就技术而言，目前经济斗争的关键焦点是科学技术创新。任何在这些领域没有进行充分投资的国家都有被更发达国家超越的风险。

为了了解未来可能产生自然资源争夺战的地点，我们不妨看看大国探索太空的雄心壮志。在太空探索的新时代里，人们不仅是为了寻找未来人类的定居地，也是为了获取地球上稀缺的资源。行星、卫星和小行星很可能成为"战略矿产"、能源乃至水的不竭来源。踏上其他星球不仅能带来巨大的国际威望，也会显示一个国家或国际组织的技术潜力和地缘政治影响力。

只有当人类能登陆火星时，外层空间才算真正被人类征服。在这个红色行星表面，至少有 300 万立方米的高纯度冰，其下面也可能存在液态水。因为火星与地球具有相似的特征，所以是建立大型永久定居点的理想场所。火星定居点既可以减轻不断增长的人口压力，也可以在发生灾难时作为可能的避难所，还可以成为进一步开展太空探索的基地。

经济与冲突

现代战争已经成为各国开展贸易的方式。

——科尔玛·冯·德·戈尔茨

冲突的发生和发展或多或少都与经济因素有关。经济因素既是大多数战争的主要目标或者次要目标，也会对战争的形式产生重大影响。法国社会学家加斯顿·布杜尔认为，1914 年德国发动战争，是因为它与其他主要工业强国和出口强国进行经济斗争的成本过高。法籍黎巴嫩裔作家、记者阿敏·马卢夫以及中国军事理论家乔良和国际关系学者王湘穗认为，尽管英国以自由贸易之名发动了臭名昭著的鸦片战争，但实际上，战争原因是中国拒绝为英国操纵的暴利贩毒活动打开大门。英国的贩毒活动，是有史以来最大规模的由国家组织的毒品走私活动。

英国军事理论家富勒准确地分析了战争和经济之间的关系。他认为，美国的南北战争（即内战）主要是由经济原因而引发的——北方希望发展工业，而南方希望发展畜奴农业。

而在印度和巴基斯坦爆发冲突之前，圣雄甘地得出的结论是：对邻国发动战争的开销将比每年处理难民问题的经济负担（大约1000万孟加拉国难民，每天费用约为250万美元）更低。

布匿战争的经济原因

在罗马和迦太基之间发生的第一次布匿战争，使这两个城邦国家都元气大伤。但是，海上贸易中断造成的巨大损失，使得迦太基这个非洲城邦情况更糟糕。作为战败方，迦太基人必须接受苛刻的条件，包括向罗马人赔款3200塔兰特和割让西西里岛。在这种情况下，罗马和迦太基之间又爆发了第二次布匿战争。由于经济状况恶化及失去了西西里岛，迦太基人在哈米尔卡·巴卡的带领下，开始向伊比利亚半岛发展。几年后，迦太基人与罗马人在这里又发生了冲突。第三次布匿战争也是由经济利益冲突而引发的。由于之前的战败，迦太基已经失去其在非洲以外的所有领土，还不得不在半个世纪的时间内每年向罗马缴纳高达200塔兰特的赔款。

此外，罗马还禁止迦太基拥有战舰，要求迦太基必须在获得罗马的授权后才能对外宣战；还迫使迦太基接受努米底亚王国的独立，努米底亚人在罗马的公开支持下并利用迦太基的弱点，不断扩张。

有趣的是，罗马制定的这些限制条件产生了意外的效果。善于经商的迦太基人，由于不能再将积累的财富用于军事目的，就把财富投资到迦太基城的建设当中，使其成为一个发达的商业中心。当罗马长老卡托于公元前2世纪中叶访问迦太基时，他看到了一个富足、繁荣和商业兴盛的城市，感到十分惊讶，因为他希望它一贫如洗。这次访问使得卡托认为，按照这个发展速度，迦太基人对罗马人发动新的复仇战争只是一个时间问题。从那一刻开始，卡托长老一直试图说服罗马元老院，在迦太基变得强大之前对其进行预防性的战争。为了强调对迦太基发动先发制人的攻击的必要性，卡托每次在罗马元老院演讲时，都会以同样的话语作为结束语："迦太基必须毁灭！"

在权力和个人主义的雄心背后，还有一个决定参战的关键性因素——两个城邦之间的经济竞争。迦太基的无花果和葡萄酒等产品对罗马商人构成了威胁，所以罗马商人公开支持发动战争。由于人口的增长，罗马需要新的耕地，而夺取迦太基人的耕地无疑是一个好的选择。最后，罗马人找到了攻击迦太基并将其驱逐出地中海的完美借口：迦太基人建造了被和约禁止的船只。

从经济角度看拿破仑的战争

富勒说，英国与欧洲大陆在经济利益方面存在着长期的对抗史。在拿破仑时代，英国需要出口产品以保持其繁荣和强大，而法国需要保护其不断发展的工业，以实现繁荣并保持其政治权力。为此，拿破仑试图扼杀英国商业，阻止英国向其他欧洲国家供应商品。英国不能够容忍一个可以威胁其海上霸权且联合在一起的欧洲。因此，英国禁止中立国与法国及其盟国进行贸易。通过这种方式，双方开始了一场最终走向武力战争的经济战争。

这个借口与 2003 年美国攻打伊拉克（使用大规模杀伤性武器）或后来攻击叙利亚（使用化学武器）的借口本质上没有什么不同。

西班牙和古巴的战争

美西战争的发生有一个非常具体的经济和地缘政治背景。在这个背景下，一个伟大的新兴强国——美国与另一个明显衰落的大国——西班牙之间的对抗几乎不可避免。这场冲突是为了实现区域和世界的权力再平衡。美国力量的增长使欧洲列强不得不置身于美西战争之外，以免与美国发生正面冲突。在那个时代，工业革命驱使工业化国家和处于工业化进程的国家要不断获得原材料、能源产地以及产品销售市场。从美国西海岸向中国和日本发展的重要贸易，使菲律宾成为关键的跳板。此外，美国需要从拉丁美洲及其南部各州运输原材料，以服务于美国北部蓬勃发展的纺织工业。问题是从美国南方向北方的工厂运输物资需要通过佛罗里达海峡，而来自南美洲和中美洲的物资必须通过尤卡坦海峡。美国担心西班牙可能通过古巴和波多黎各控制向风海峡、莫纳海峡和阿内加达海峡的海上航线，从而对其商业安全构成威胁。

随着巴拿马运河的建设，西班牙可能会通过封锁这些航线向美国施加战略压力，这让美国的担忧与日俱增，因为通过这些海峡也可以进入巴拿马运河。事实上，在西班牙和美国发生冲突的一个世纪以前，古巴和波多黎各的命运就被注定了。面对欧洲列强所建立的帝国主义框架和殖民地体系，美国第六任总统约翰·昆西·亚当斯发展了门罗主义。门罗主义是由其前任詹姆斯·门罗于1823年提出的，可以用“美洲人的美洲”加以概括。门罗主义直接反对任何欧洲国家干预美洲大陆事务，任何对门罗主义的挑战都会引起与美国的冲突。这也适用于在美洲存在了几个世纪的欧洲殖民国家。

当时，西班牙占据着一些对美国的扩张具有特殊战略意义的地区。美国多次试图从西班牙手中购买古巴，并威胁如果不能达成协议，就要占领这个岛屿。

随着阿尔弗雷德·赛耶·马汉海洋战略理论的实施，美国开始在太平洋和大西洋海岸建立强大的海军舰队。这两个舰队需要通过跨洋水道——也就是后来的巴拿马运河进行调遣。西班牙殖民当局也有过类似的想法，这样就可以在两洋之间不必绕过合恩角运输货物，从而节省时间和成本。为此，美国需要完全控制中美洲及其外围水域，而西班牙在古巴的存在对美国的这个构想构成了重大威胁。

此外，由于古巴的糖产量几乎可以满足整个美国的需求，因此美国的大资本集团一直在向政府施加压力，要求控制古巴以便从其繁荣的蔗糖产业中攫取利益。

19 世纪的拉丁美洲战争

在拉丁美洲，有一些近邻国家因为争夺自然资源而发生冲突。其中一个例子就是发生在 1879 年至 1883 年间的南美太平洋战争。这场战争是智利、玻利维亚和秘鲁因为硝石的开采地而引发的，也被称为“硝石战争”。几年之后，即在 1899 年至 1903 年间，玻利维亚和巴西之间发生了阿克雷战争，战争起因是对富含金矿和盛产橡胶地区的争夺。由于与争夺汽车工业的基本原料——橡胶有关，所以这场战争也被称为“橡胶战争”。

各国参加“一战”

自 1873 年发生经济危机开始，出现了一种新的经济模式，即放弃当时普遍存在的自由贸易，重新实行高关税的保护主义。这种背景导致了主要工业化国家之间的公开经济战争，而这种经济战争无法通过外交渠道解决。同时期，还出现了寻求自身发展空间的新兴大国，例如德国、日本和美国，更加剧了经济的不稳定性。

在欧洲舞台上，德国不仅在短时间内成功地在钢铁和化学品等行业占据了主导地位，还拥有了数量庞大、训练有素且有组织的劳动力队伍。这使得世界经济霸主——英国越来越关注德国的快速崛起。英国意识到，德国缺乏能够以低成本开采自然资源的殖民地，因此德国寻求征服新领土似乎只是时间问题。当德国人开始建立强大的海军舰队时，英国的这种怀疑得到了证实。由于英国的海上霸主地位受到威胁，英国开始考虑与德国开战，只是缺乏开战的借口。

富勒认为第一次世界大战的原因是英国要在工业和商业领域击败德国这个竞争对手。19 世纪末，德国对外贸易的迅速扩张和商船的增加对英国的贸易造成了威胁。更糟糕的是，俾斯麦提高了军队保护对外贸易的能力，以阻止法国海军获取优势地位。对于英国和法国来说，这种情况成了关乎生死存亡的经济斗争，因此，两国的目标都是击败对方。

列宁认为，“一战”爆发的原因是列强瓜分世界，重新分配殖民地、势力范围和金融资本。事实上，到战争结束时，在主要工业大国之间发生的这场战争，业已影响到世界一半以上的人口。国际关系专家、法国历史学家皮埃尔·雷努文认为，美国于 1917 年介入欧洲冲突是为了捍卫其经济利益。

“二战”的关键经济因素

在“二战”爆发之前，美国和英国代表了世界的财富力量。根据富勒的说法，这种霸权背景受到了希特勒的挑战。希特勒声称要创立一个脱离容克资本主义的德国。这位“元首”决定拒绝有利息的外国贷款，并将德国货币发行的基础建立在生产而不是黄金储备之上。除了通过易货系统进口和补贴必要的出口外，还提议结束自由交换（根据政治局势在各国之间交换货币和转移个人财富）。但是这对国际资本主义来说是无法接受的，因为国际资本主义依赖于产生利息的贷款。如果希特勒成功了，其他国家也可以仿效德国，这意味着缺乏黄金的政府会相互交换货物，导致贵金属失去价值。不要忘记，美国那时拥有世界 70%的黄金储备。于是，摧毁希特勒的金融体系就成了容克资本主义的目标，因此经济战争爆发了。[①] 与此同时，新兴的德国工业需要产品市场。1937 年 9 月，迅速且具毁灭性的经济危机导致数百万美国人失业。而德国在 7 年之前，也就是 1930 年，有 1750 万人由国家养活，其中 1500 万人经历了饥饿，但是此时失业结束了，经济开始复苏。

在“二战”中，为了经济利益，德国不得不推行全面的军事战略。根据英国军事史学家巴兹·李德·哈特在《山的那一边》中的说法，在“二战”期间，德国经济巨头对希特勒施加了相当大的压力，要求夺取高加索地区的石油和乌克兰的小麦，因为这两项资源对于战争来说至关重要。挪威的锰和铁矿床对德国钢铁业来说也至关重要。

德国历史学家沃尔特·格利茨表示，早在 1937 年西班牙内战期间，德国就制定了“山计划”，旨在控制含有铁、铜、铅、钨、锡、镍和其他重要矿物的西班牙矿山。特别是钨，对战略至关重要，因为它能够用于加强战车上的装甲。20 世纪 40 年代早期，在韩国和中国的矿山关闭之后，德国人在加利西亚和莱昂获得了钨。由于德国在西班牙内战期间所提供的帮助和两国地理上接近的原因，德国和西班牙的关系十分亲近。对德国来说，伊比利亚半岛成了钨这一“战略矿产”的主要来源。赫尔曼·戈林向德国专家们强调，要采取行动以便重启由于缺乏劳动力而陷入瘫痪的比斯开钨矿，同时尽快将储存在毕尔巴鄂港口的数千吨矿藏运往德国。

中东的动乱

尽管中东战争通常是由民族、宗教或政治因素所引起的，但总是

---

① 许多年后，穆阿迈尔·卡扎菲、萨达姆·侯赛因、乌戈·查韦斯和其他想要打破美元霸权来改变现行经济模式的领导人，最终都付出了沉重的代价。

有其深刻的经济根源。美国外交官威廉·C.布利特说，在20世纪40年代末和整个50年代，伊朗成了苏联、美国和英国争夺油井和波斯湾控制权的战场。当时，美国对沙特阿拉伯的兴趣仅限于购买其石油。对于美国人来说，在这个阿拉伯国家的唯一政治利益是确保和平与安全，以便开采石油。

在回顾伊朗的情况时，不应该忘记，伊朗民主选举产生的首相穆罕默德·摩萨台曾经希望将石油产业国有化，所以于1953年，在由英国、美国支持发动的政变中被赶下了台。这是因为英国不想失去对伊朗油田的控制权。根据阿敏·马卢夫在《世界的不协调》一书中的说法，当摩萨台促使伊朗议会投票支持对英伊石油公司（一家由英国控制的公司开采伊朗石油，却给伊朗很少的回报）进行国有化改革时，英国立即对伊朗石油实施了世界贸易禁运。没人敢购买伊朗的石油，伊朗财源受阻，经济受到扼杀。对伊朗发动政变的条件已经成熟，美国中央情报局发动了名为“阿贾克斯”的行动。为了加快这一进程，美国中央情报局和英国军情六处雇佣了伊斯兰恐怖组织发动街头骚乱。

马朗什提供了一个很好的例子，能够说明这个地区的地缘政治和经济利益的虚伪性。在谈到伊朗与伊拉克的战争（1980—1988年）时，他说，许多国家和石油生产商更希望这两个国家的军事力量保持平衡，以免巴格达或德黑兰有能力提高原油产量，因为这可能意味着油价崩溃，从而导致全球金融危机。马朗什还强调了相关利益在战争中的重要性，这促使一些国家向这两个敌对国提供战争物资。这些国家的最终目标是让伊朗和伊拉克这两个国家相互消耗，从而不会成为该地区的麻烦制造者。也有人担心，伊朗将打破中东地区的力量平衡并控制伊拉克，建立一个自巴基斯坦至地中海的什叶派帝国。如果发生这种情况，那将对包括土耳其在内的北大西洋公约组织造成巨大威胁。[①]

对于这场战争，克拉克强调了一个可靠的猜测。1980年，当萨达姆·侯赛因决定入侵伊朗时，美国向伊拉克领导人开了绿灯，希望他能够占领石油省份朱兹斯坦，以便美国人获取伊朗的原油。美国很可能希望刚刚在德黑兰建立的新政权因为失去主要收入来源而迅速崩溃。

袭击利比亚的经济原因

曾在海军陆战队服役的记者布拉德·霍夫于2016年发表了一篇文章，他指出：尽管法国向联合国安理会建议通过第1973号决议，该决议声称是根据联合国倡导的“保护责任”原则，在利比亚设置禁飞区来保护平民，但是时任法国总统尼古拉斯·萨科齐的真正动机却是控制利比亚的石油及确保法国在该地区的影响力，从而增加他在法国选民面前的声望，显示其国家的军事潜力。

2011年3月19日，萨科齐在谈到对利比亚的干预时，郑重其事地表示：“我们这样做是为了保护平民免受其本国政权的疯狂屠杀，这个政权已经失去了所有合法性。我们的干预是为了让利比亚人民能够支配自己的命运。”几个月后，法国《解放报》公布了利比亚全国过渡委员会与法国政府签署的一项协议。通过该协议，法国企业将获得该国原油总产量的35%。据该报报道，在联合国安理会通过上述第1973号决议17天后，阿拉伯联盟秘书长阿姆鲁·穆萨收到了该协议的副本。

但是，攻击利比亚和推翻卡扎菲政权的背后可能隐藏着金融性质的原因，特别是利比亚拥有价值70亿美元的143吨黄金和143吨白银储备，这对非洲大部分地区的主要货币——非洲金融共同体法郎构

① 这种情况业已成为现实。伊朗的势力现已到达叙利亚、伊拉克、黎巴嫩和也门，还将到达阿富汗。因此，特朗普政府想要重新建立该地区的平衡以应对伊朗。

成了重大威胁。[1]

利比亚领导人想建立一种基于利比亚第纳尔的泛非货币，并以本国的贵金属储备作为基础，以取代非洲金融共同体法郎。要真正理解这个意图的含义，我们必须认识到：如果任何使用法国金融共同体法郎的国家未能履行法国的要求，法国会立即封锁这些“叛乱国家”的货币储备，并关闭其银行。

上述情况就曾发生在洛朗·巴博担任科特迪瓦总统时期（2000—2011 年）。根据法国前总统雅克·希拉克的说法，这个问题并非微不足道，“法国政府每年从其前殖民地征收 4400 亿欧元的税收。来自非洲的收入使法国免于陷入经济上的困境”。

与此同时，一些消息人士表示，卡扎菲计划用美元以外的货币进行石油交易。美国无法容忍发生这样的事情，因为绝大多数国际交易是以美元结算的，这对美国尤为重要。任何提议使用其他替代货币的领导者都会因此成为美国的攻击目标。

经济作为战争的武器

在商业中没有朋友，只有客户。

——亚历山大·杜马斯

我们生活在一个不易察觉的永久战争状态。这种战争的主要参与者是情报部门、外交使团和媒体，他们将网络空间变成了最新的战场。在这种背景下，虽然军事力量是其他方面行动的重要支持，但是经济方面的重要性已经超过军事力量。法国分析家帕斯卡·洛洛特和

① 非洲金融共同体法郎（CFA）是 14 个非洲国家的共同货币，14 个非洲国家几乎都曾是法国的殖民地。

弗朗索瓦·蒂阿尔认为，现代地缘政治的明显特征是军事因素相对于经济因素的重要性降低，发展经济实力是所有发达国家政府的主要战略。中国军事理论家乔良和国际关系学者王湘穗也认为，军事威胁往往是影响国家安全的次要因素。即使领土争端、民族主义对抗、宗教冲突和势力范围划分仍然是战争的主要动机，但是这些因素已经越来越多地与经济因素联系在一起，如资源的占有、市场的获取、资本的控制和贸易制裁。

在当代战争（有些人称之为“后现代战争”）中，为了削弱并最终打败敌人，除了使用上述方法之外，人们也使用具有压倒性效力的经济和金融工具。其中包括提供贷款、实施制裁、发布国家信用评级报告、由外国财富和风险投资基金进行投资、操纵股票交易、债务管理等。随着经济日益成为战争工具，在这种对抗中，经济工具被主要用来追求经济目标。经济战在理论上是可以不流血的，但是其后果、影响或是行动方式，常常导致大量流血事件发生。

正如一些人极为愤慨地指出的那样，提供国际贷款不是为了帮助债务国，而是为了控制债务国并使其屈服。美国时事评论家法里德·扎卡利亚给出了一个例子。在 20 世纪 90 年代，俄罗斯完全依赖美国的援助和贷款。正如米歇尔·埃尔特尚尼诺夫指出的那样，这促使普京试图建立一个以卢布扩张为基础的帝国，其目的是能够与世界主要经济体竞争。

乔良和王湘穗认为，未来的金融敌对行动将会加剧，这种行动会使一个国家在不流血的情况下被征服。为了证实这个观点，他们引用了 20 世纪 90 年代末美国与韩国的例子。当时，为了从国际货币基金组织（IMF）获得 550 亿美元的贷款，韩国被迫接受美国开出的条件：完全开放市场。这个条件使美国资本能够以低价购买韩国的公司，从而借此实施某种形式的经济占领。乔良和王湘穗断言，金融战已成为具有毁灭性破坏力的“超级”战略武器。他们认为，这种对抗的一种形式是“货币资金之战”。时至今日，由跨国公司和亿万富翁所创立的基金会的财富已经能够与一些国家比肩。例如，在1992年，金融大亨乔治·索罗斯迫使英格兰银行将英镑贬值。他们的财富甚至能够控制媒体，为政治组织提供资金，反对现有政权，根本改变社会秩序并使政府陷入困境。又如20世纪90年代发生在东南亚的金融危机。乔良和王湘穗认为，这场意外的危机完全是由国际流动资本持有者策划和发起的，其主角不是政治家或战略家，而是索罗斯。冷战期间，德国总理赫尔穆特·科尔使用类似的方式将柏林墙打开了缺口。

在这种经济战争中，尤其是当重大经济和地缘政治利益受到威胁时，所谓的制裁与事实截然不同，而公众通常对此毫不知情。理查德·A.克拉克认为，尽管在1980年伊朗与伊拉克爆发战争时，华盛顿宣布对伊朗实施经济制裁，冻结伊朗在美国的财产，但是伊朗仍继续向美国出口石油。在1987年，伊朗向美国出口的石油总价值达16亿美元。

即使在各国间紧张局势加剧的时候，也发生过类似的情况。根据阿敏·马卢夫的说法，在20世纪60年代，以色列通过与伊朗国王达成的秘密协议，连续多年通过亚喀巴湾从伊朗获得石油。尽管在1973年的赎罪日战争之后，以色列和叙利亚只是按照联合国脱离接触观察员部队的要求，自1974年起停火，从未签署永久和平协议，但是两国之间的商业往来早已开花结果。叙利亚政府仍然声称对以色列占领的戈兰高地拥有主权，但是这并不妨碍以色列在戈兰高地生产的产品出口到叙利亚。同样，尽管美国和委内瑞拉的关系比较紧张，但是委内瑞拉仍然向美国出售大量石油，这是因为能够对委内瑞拉重油进行提炼的工厂都在美国。

谁主宰世界经济？

根据 2016 年 5 月 24 日 Investopedia 网站上发布的报告，世界上最富有的五个家族是：第一，罗斯柴尔德家族，它起源于 18 世纪欧洲一些主要城市（法兰克福、伦敦、那不勒斯、巴黎和维也纳）。金融分析家估计其家族资产多达 2 万亿美元。第二，来自沙特阿拉伯的沙特家族，资产估计约为 1.4 万亿美元。第三，美国的沃尔顿家族，资产约 1520 亿美元，其员工数量超过 220 万人，是世界上最大的非国有雇主。第四，美国的科赫家族，资产约 890 亿美元，投资于众多企业。第五，美国的玛氏家族，最大私有糖果公司所有者，资产大约 800 亿美元。虽然这些数字不完全精确，但也足以说明五大家族的经济实力，特别是罗斯柴尔德家族，它一直与媒体保持距离，引发了人们对其家族干预全球关键决策的实际能力的多种猜测。

世界谷物和豆类市场实际上由四大公司主导：ADM（美国）、Bunge（来自巴西，总部在美国）、Cargill（美国）和 Louis Dreyfus（源自法国，总部在荷兰）。这四家公司被称为“ABCD”，它们有能力在全球范围内规定大米、玉米、小麦或大豆等农作物的价格。

在粮食生产领域，少数公司控制着种子、农药、转基因食品等重要且有影响力的产品市场。这些公司中，有德国拜耳公司、瑞士先正达公司，以及孟山都、杜邦和陶氏三家美国公司。

经济情报的重要性

谁控制了食物，谁就控制了人类；谁控制了石油，谁就控制了所有国家；谁控制了财富，谁就控制了世界。

——亨利·基辛格

经济对任何国家的稳定都至关重要，因此，所有用来保障经济安全的投资都很有意义。一国的真正需求是什么？该国的兴趣点在哪里？该国遇到或者可能遇到的经济威胁是什么？可能用经济机制对该国造成破坏的主角是谁？可以采取的主动措施和防御措施有哪些？要想了解这些问题，必须获取经济情报。

2011 年，时任法国总理弗朗索瓦·菲永制定了一份名为《国家在经济情报中的行动》的文件，完美地说明了经济问题对国家的生存和可持续发展的重要性。这份适用于任何国家的文件，将经济情报活动定义为“为了增强国家的竞争力，收集、分析、评估、传播和保护战略经济信息的活动”。该文件解释说，“法国的经济情报活动是其全球经济政策的一部分，有助于经济增长，也有助于支持国内经济，保持法国公司的竞争力和安全”。这份文件表明法国在经济情报问题上的行动目标应围绕三个方面展开：一是实施战略监控，为领导人制定经济决策提供帮助；二是维持公司竞争力和增强研究实体的技术转让能力，确保法国和欧洲公司受益；三是保证公司和研究机构的经济安全。

文件结尾明确指出了各部委和各省在国家经济情报框架内应该发挥的作用。最值得注意的是关于外交使团的具体任务，该文件明确指出，“对重大合同的支持是外交使团的首要任务，确保及早发现需求和项目、政治背景、决策实施及对法国投标的竞争”。对于菲永所说的内容，我们毫不惊讶，因为法国为了确保其在国外具有竞争优势，不仅在经济情报领域是先锋，在公共和私营部门的协调（例如销售合同或公共工程执行）方面也一直是先锋。鉴于这种协同作用对于战胜其他国家的重要性，法国政府的这一举措对其国家和公民的益处显而易见。

如果有一个引擎无可争议地能够驱动人类，那就是财富。不是金钱这种邪恶的物质本身能够驱动人类，而是依靠金钱所能取得的成就——商品、服务和意志能够驱动人类。财富是满足最终目的——权力的工具。因此，获得财富、持有财富和拥有比他人更多的财富是一场永恒的斗争。

3．了解历史，才能创造历史

继续历史是一回事，重复历史是另外一回事。

——哈辛特·贝那温特

1992 年，美国政治学家弗朗西斯·福山宣布历史已经终结。“作为两个世界隔离象征的柏林墙已经倒塌。苏联解体已经成为事实。冷战已经结束，民主似乎会到达地球的任何地方，就像它现在到达了东欧一样。经济和政治自由主义已被确立为唯一可行的意识形态，这意味着我们已经到达人类社会文化进化的终点。”全球化将促进国际安全。然而，尽管福山非常乐观，但是现实是完全不同的。2001 年的“9·11”事件开启了一个改变国际局势的新时代。经过更新和改造的新意识形态与西方的思想发生了冲突，福山之前认为西方的意识形态已经大获全胜，但是事实并非如此。因此，历史并没有终结，而是继续存在并且比以往任何时候都更加现实。

与第一批进化论者一样，马克思认为人类从一个阶段进化到另一个阶段时，其原始特征朝着实现文明和充分理性的方向发展，因此，关于阶级与信仰的斗争将不复存在。这是人们应该走向的目标。当苏联解体时，包括福山在内的各门派思想家都认为人类进步的最后阶段已经到来。他们没有想到在理解社会和世界的各种新方式之间可能会出现对抗。

然而另一些人则认为，由于将世界划分成两部分的冷战体系崩溃，世界将重新调整。美国政治学家塞缪尔·P. 亨廷顿在其 1996 年出版的《文明的冲突和世界秩序的重建》一书中写道，西方社会和非西方社会将处于永久冲突之中，暴力将成为他们之间唯一的沟通渠道。我们不一定要赞同亨廷顿这种悲观主义观点，但是可以肯定的是，不同思想流派之间的对抗在今天依然存在。许多情况下，这种竞争不是出于意识形态，而是出于对空间和资源的争夺。

为了了解当前国际关系的博弈情况及其与历史的关系，必须了解不同参与者之间关系的运行机制。进入 21 世纪后，人类对日常琐事十分关注，但是对全局的看法却存在偏见。尽管生活在信息社会中，我们对了解那些实际发生的事情的真相也缺乏兴趣。我们得到的信息只是有关孤立事件的碎片，这些信息碎片并不能真正解释对抗、冲突或战争的前因后果。历史成为揭示此类事件发生缘由的完美工具。随着时间的推移，收集相似历史事件的情况，可以帮助我们总结、推导几个世纪以来共同的范式、模式和趋势。回顾过去，可以使我们思考和分析引发当前情况的根本原因。正如美国作家马克·吐温颇具幽默感的一句话："历史不会重复，但是往往惊人地相似。"

在希腊语中，历史意味着"研究"。研究已经发生的事情并指导人们预知未来可能发生的事情很重要。正如古罗马政治家西塞罗所说，"历史是时代的见证、真理的火炬、记忆的生命、生活的老师和古人的使者"，"如果不知道在我们出生之前发生了什么，那么我们永远都是孩子"。但是历史不是一门实验科学，更不是一门实践科学，无法在一系列数学运算或统计研究之后，得出一系列积极的、可量化的和无可辩驳的结论。相反，它是一门人文科学，在特定的时间和空间中研究人类，同时考虑事实和行为，评估其在物质以及思想、信仰等方面的影响。因此，历史能帮助我们分析过去，从而更好地把握现在。然而，由于历史总是由人来解释的，因此对历史的解释会存在争议或受到操控。

在“二战”期间，纳粹分子或摧毁或没收了数千件与其意识形态不符的艺术品和书籍。近年来，阿富汗的巴米扬大佛和叙利亚的巴尔米拉城也被摧毁。这些行为不是暴力或欲望的结果，而是统治者或强权者渴望消除历史的痕迹。重塑过去是统治者惯用的伎俩。自远古以来，不同的权力集团选择遗忘、篡改或改写过去，以重新引导社会发展，以及控制和操纵人口。

独裁者、压迫性政府或极端民族主义者经常通过“修正”历史来编造现实。即使在今天，从理论上讲，一些几乎不具有压迫性和专制性的政治领导人也会曲解历史事件。因此，历史不是一件小事。了解事件的真实性或者最接近事实的版本，能够帮助我们确定我们是谁，以及我们要去哪里。更重要的是，它促使我们寻求真理和客观事实。

历史和地缘政治

地缘政治受到历史事件的影响，使得历史将过去与现在联系在一起。例如，如果不了解土耳其人在一个多世纪以前对亚美尼亚人民所犯下的罪行，我们就很难理解当前亚美尼亚与土耳其的紧张关系。[①]

① 1915 年到 1923 年，奥斯曼帝国的青年土耳其党政府驱逐或杀死了 150 万至 200 万名亚美尼亚平民。1975 年，在亚美尼亚出现了两个渴望报复的团体——亚美尼亚秘密解放军队和亚美尼亚种族灭绝正义司令部。虽然两者在意识形态上对立，但是都认为土耳其应该对种族灭绝负责，并在经济上对幸存者及其后代进行补偿。1975 年至 1985 年期间，两个团体杀害了 40 多名土耳其外交官及其亲属。

如果不了解资本主义扩张时期宗主国与殖民地之间的关系，我们就不会理解美国和英国之间的良好关系，也不会理解某些非洲国家与一些欧洲国家的亲密关系。

世界政治地图与50年前大不相同，在50年后也不会一样。地理空间未曾改变，也不会改变。在这些地理空间内，一个个国家不断诞生、发展和消失。有时，不同国籍的民族聚集在一起，形成一个新的国家；有时，一个多民族国家无法承受各种族群体的分离压力而分裂，产生了几个新的国家，只留下了对过去功绩和历史成就的记忆。因此，历史对地缘政治很重要，因为它展现了国家的演变、持续存在的利益和冲突，以及利益如何得到满足或冲突如何得到解决。历史帮助我们从错误中吸取教训，尽管我们经常重复同样的错误。

几个世纪以来，类似的事件在相同情况和条件下相继发生。虽然有人类学家和文化研究者认为，这是某些民族好战性和文化或地理决定论的结果，但是实际上冲突在同一地方再次发生，主要是因为这个地方具有战略敏感性。

如果我们分析世界历史地图，会注意到某些区域一直是冲突的中心。在某些情况下，这些冲突反映了物理空间与边界标记的虚拟空间之间的不匹配。事实上，一些国家之间的界限是按照地形的自然线条划分的，没有考虑到当地居民的种族、文化、宗教差异，就像非洲大部分地区一样。在一些情况下，生存、福利和财富所需的资源集中在“无人控制区域”，这导致争夺资源控制权和管理权的斗争经常爆发；人口压力也迫使一些国家不得不开疆拓土。但是在许多情况下，冲突的产生仅仅是因为这些区域是通道区域，是获取资源或占领其他地缘政治空间的关键性“十字路口”。

阿富汗就是这样一个处于关键性“十字路口”的国家。在19世纪中期，英国试图控制这个多山的国家，以阻止沙皇俄国向其殖民地边界挺进。但是英国的企图失败了，阿富汗人抵御住了英国的入侵并将他们赶出了国境。英国人是第一个犯这种错误的国家，但绝不是最后一个。一个世纪后，苏联人试图控制这个国家，以增强其在冷战中的国际影响力，但是最后也被击败了。在 2001 年世界贸易中心双子塔遭受袭击之后，由美国领导的“持久自由军事行动”也失败了。阿富汗证明了自己是一个“不可征服的”国家，也是永久公开冲突的焦点。这是一个颠扑不破的事实和真理：不了解历史的人会一再重复过去的错误，越了解历史，就越不会重蹈历史覆辙。

另一个例子是俄罗斯。1812 年，拿破仑·波拿巴在控制欧洲的过程中，发动了针对沙皇亚历山大一世帝国的战争，但是悲惨地失败了。一个多世纪后的 1941 年，希特勒还试图在所谓的巴巴罗萨行动中占领苏联的土地，但是也像拿破仑一样，被击败了。这两人不仅低估了对手的力量和能力，而且都没有考虑到寒冷冬天带来的威胁。如果希特勒研究了历史，或者至少有研究历史的意愿，或许就可以避免类似的错误。①

军事历史

美国军事历史学家维克多·达维斯·汉森指出：如果将领缺乏对军事历史的了解，那么在战争爆发时，他会向士兵和军官提出不合理的要求。作为解释说明，他还列举了在朝鲜战争爆发时美国参谋长联席会议的无能表现。历史学家迈克尔·科菲也提供了一个在战术层面忽视历史负面影响的例子。在“二战”期间的诺曼底登陆战之后，也

① 有趣的是，希特勒也说过类似的话：“历史上最伟大和最好的教训是没有人吸取历史教训。”

就是1944年，美军地面部队的前进步伐被未曾预料到的障碍所阻滞。那是2000多年前凯尔特农民用作田地边界的栅栏，有3米高，由交织在一起的树根、石头和泥土构成，相互间隔约100米，为德国人提供了几乎坚不可摧的防御，然而这些防御却完全被美军所忽视。因此，道格拉斯·麦克阿瑟将军建议军校学生，不要试图从历史当中学习方法和技术的细节，因为“在每个时代，两者都受到可用武器、部队指挥、后勤供应和控制方式的决定性影响”。不过麦克阿瑟还说：“在研究中，要发现指导以往成功战例的基本原则及其应用。这些原则是长期适用的。”

了解一个民族的历史

历史知识涉及人与其所处的环境。文化、宗教或语言是了解各民族现状和未来的基本要素，但是人们的社会条件取决于他们所占据的地理空间。时至今日，由于全球化，文化、传统和信仰比以往任何时候都更加分散，都受制于其周围的地理环境。服饰、食品或建筑也是了解环境的一种方式。地理空间对一个国家的历史演变，及其遇到的紧张局势和对抗情况，都有重大影响，同时也产生了复杂的国际地缘格局。如果我们不研究其过去，在很多情况下，是无法解释这种格局的。

与此同时，与其他民族、文化或文明打交道时最常犯的错误便是未能考虑其他民族对历史事件的重视。对于一些民族来说，祖先的经历对他们看待世界的方式（尤其是在谁是朋友和敌人方面）、对他们的行为方式、对他们的信仰，具有决定性的作用。在某些情况下，历史的重要性在于它能帮助我们彻底地了解导致一个民族以特定方式行事的原因和动机。在这方面，即使是与他们最亲近的邻居，也可能完全不同。所有的过去，胜利或失败，征服或屈服，荣耀或耻辱，优点或缺点，受惩罚或辉煌的时刻，构成了一个国家的世界观。从这个意义上说，还应该考虑对历史事件的解释和重塑（这比想象的更频繁），特别是在民族主义进程中的重塑。

与一个民族打交道时，不了解其历史，就无法理解其现实。如果我们不了解俄罗斯民族的历史，就无法理解今天在乌克兰发生的事情。如果我们想要了解科索沃对塞尔维亚的意义，就有必要知道 1389 年在科索沃的荒野中发生的一场决定性战事。在这场战斗中，奥斯曼帝国击败了塞尔维亚军队。

朝鲜被认为是世界上在民族、语言、历史、文化和宗教各个方面最同质化的民族，有着自己多年来形成的显著个性，有其不为人知的特质。要了解这个亚洲民族的思想、态度和行为，除了了解其政治背景外，我们也要了解其近代历史。只有通过这种方式，我们才能理解朝鲜人对美国及其盟国，特别是日本的敌意和怨恨，以及对韩国所代表的西方资本主义世界的敌视。

19 世纪，朝鲜是一个“隐士王国”，反对与西方国家建立外交和商业关系，倾向于与同样努力摆脱西方干涉的中国保持联盟关系。1897 年，朝鲜的高宗皇帝宣布改国号为大韩帝国。

跃居为工业大国的日本，为了在经济上加强对朝鲜半岛的控制，于 1910 年吞并了大韩帝国。日本政府鼓励本国的农民和渔民迁移到朝鲜半岛，并向其免费提供土地或以象征性的价格向其出售土地。在朝鲜人民挨饿的同时，日本政府将收获的大部分稻米用于养活自己国内的人。在日本对朝鲜民族所犯下的滔天暴行中，最臭名昭著的就是所谓的“慰安妇”制度。这种制度强迫妇女在太平洋战争期间向日本士兵提供性服务。据统计，至少有 20 万妇女被强征为“慰安妇”，其中约有 15 万人在战争期间死亡。

此外，日本占领者还实行了同化政策。一些朝鲜知识分子奋起反抗，努力保护他们的文化和价值观。自1919年起，整个半岛成千上万人为此而丧生。尽管反抗运动最后失败了，但它反映了朝鲜人民强烈的爱国主义精神和反殖民精神。直至日本在“二战”中被击败，朝鲜半岛才摆脱日本人的统治。

“二战”结束之后的1948年，苏联和美国以北纬38度纬线为界，将朝鲜半岛划分为两部分，北部由苏联军队占领，南部由美国军队占领，两边的紧张局势愈演愈烈。为了重新统一半岛，朝鲜在斯大林的支持下，于1950年6月进攻韩国，理由是生活在韩国的共产党同情者受到军政府的残酷镇压。由于担心共产主义在整个半岛蔓延，在联合国的支持下，美国做出了出兵朝鲜的决定。

最开始，美国对军事基地和其他战略目标的轰炸似乎足以阻止朝鲜的进攻，但是随着中国派出志愿军，情况发生变化。因为不能容忍美国军队侵犯其边境，中国政府不断地将大批士兵投入战斗。中国军队虽然装备不那么精良，却重创美军。美军总司令麦克阿瑟随后发动了全面的空中绞杀行动，想迫使朝鲜尽快屈服。从那时起，朝鲜遭受了冷酷无情的系统轰炸，连最小的村镇也难逃厄运。

尽管消息来源不同，数据有所出入，统计结果还是令人不寒而栗。在3年的朝鲜战争中，美国可能向朝鲜投放了约65万吨炸弹，其中包括3.5万多吨的凝固汽油弹。60多万间民房、5000多所学校和上千所医院变为废墟。当完成对城市目标的轰炸后，美军又开始轰炸湿地和水坝，造成洪水泛滥、庄稼尽毁。做个比较，美国在朝鲜投下的炸弹数量比“二战”期间在整个太平洋地区投放的都多，而在朝鲜所摧毁的城市也比在德国或日本摧毁的更多。

战争期间一直担任战略空军司令部负责人的美国空军将军柯蒂

斯·E. 李梅，在大战结束30年后，不知廉耻地向美国空军历史办公室报告，称消灭了20%的朝鲜人口。为了更确切地了解大屠杀的严重程度，我们可以对比“二战”期间的英国，尽管英国也遭受了猛烈的轰炸，但是人口死亡比例仅为2%。朝鲜战争结束后，麦克阿瑟将军接受采访时承认，他曾提议在朝鲜投下30到50颗原子弹，以便在10天之内结束战争。

朝鲜人民没有忘记曾遭受的毁灭性空袭，这解释了他们支持朝鲜政府为装备防空系统以及建设地下设施和避难所所做出的努力，以及支持政府拥有抵御入侵者的核武器的决心。鉴于历史，朝鲜人民有理由反对美国和日本，这是一种根深蒂固的民族情结。这个例子说明了了解历史的重要性。了解历史，才能了解对手的特点，否则，任何行动都注定要失败。

4. 永恒的利益，总是披着道德的外衣

在国际关系中，各方都试图根据自己的情况和所掌握的手段来满足自己的利益。对每个人和每个国家来说，其他人或其他国家行为的正确性或不正确性，取决于该行为如何影响他们自己的利益。对“现实政治”的应用意味着在国家关系中，首先考虑的是国家利益，因此，所有关系的基础是自己的利益，而不是道德。

由于国家利益不断变化，国际关系也在不断变化。在国际博弈中，有时候，一个国家决定与其他国家结盟以实现具体目标。这些目标可能是经济目标，也可能是与安全或战争有关的目标。然而，今天的盟友可能是明天的敌人，考虑到现在社会的发展速度，这种情况已变得越来越真实。根据罗伯特·格林的说法，完美的盟友能为你带来

你自己无法获得的东西，而你可以向他们提供他们感兴趣的东西。同样，在主权国家中，任何联盟都是基于互惠互利的原则。因此，谈判的最大秘诀是找到分享共同利益的方法。

利益和需求有时会促成看上去很奇怪的联盟，联盟的价值观可能与一个成员国家一直坚持的价值观相抵触。这种历史事例不胜枚举。在 16 世纪，尽管欧洲的基督教国家和叱咤风云的奥斯曼帝国处于对抗状态，但是他们之间也出现过令人惊讶的联盟。这些联盟主要是基于不断变化的经济利益、安全利益和地缘政治利益。

由于在很大程度上依赖奥斯曼帝国的粮食，信仰天主教的威尼斯多次利用伊斯坦布尔（奥斯曼帝国首都）政府向邻国和敌对的城邦施加压力。由于威尼斯主要关注的是对其海上商业航线的保卫，而奥斯曼帝国又是其主要贸易伙伴，所以两者之间的合作要比对抗更多。16 世纪初，法国国王弗朗西斯科一世和奥斯曼帝国的苏丹苏莱曼联合开展了反对神圣罗马帝国皇帝查理五世的海军行动；与此同时，哈布斯堡王朝与波斯的什叶派萨非王朝结盟。在克里米亚战争（1853—1856 年）期间，面对沙皇俄国可能打败奥斯曼帝国并改变欧洲格局的局面，法国和英国毫不犹豫地支持土耳其人反抗俄国人。在 19 世纪末，英国利用奥斯曼帝国阻止沙皇俄国使用连接黑海和地中海的土耳其海峡。

所有联盟，甚至看上去很坚实稳固的联盟，在出现可能导致分裂的因素时，就会变得短暂和不稳定。在两次世界大战期间，很多联盟建立又破裂，很多秘密协议签署又撕毁。例如，罗马尼亚王国曾经是德国的盟友，却在 1916 年夏天对德国和奥地利发动了战争。在“一战”期间，为了对抗德国，日本与美国、英国并肩作战。几年后，在“二战”中，日本却改变了立场，与德国并肩作战。

根据理查德 · A. 克拉克的说法，在两伊战争期间，美国向伊拉克人提供情报，用科威特的油轮帮助他们运送石油，并中断了对伊朗的军事物资供应[①]，但是仅仅过了两年，美国就毫无顾忌地宣布萨达姆·侯赛因是他们最大的敌人。需要记住的是，在1983年伊朗和伊拉克冲突期间，美国时任总统罗纳德·里根派遣特使前往巴格达，与萨达姆·侯赛因会晤并向其提供帮助以打败伊朗。这位特使是7年前曾担任过美国国防部部长的唐纳德·拉姆斯菲尔德。20年后，拉姆斯菲尔德再次成为国防部的负责人，是入侵伊拉克和推翻萨达姆政权计划的直接设计者。

历史经验表明，为了使联盟真正有效和持久，联盟成员必须拥有相同的观念，面对共同的威胁。一旦该联盟的某个成员感受到不同的威胁，或者认为原来的威胁不那么严重了，就会考虑退出，促使联盟解散。即使联盟得以维持，其成员也不会继续以完全协调的方式行事，其行动的目标将更多体现在双边或多边行动中，而不是所有成员一致行动。法国前海军上将和地缘政治分析家皮埃尔·塞莱里埃尔认为，只有在同质地缘政治框架内的利益和观念趋于一致，国家间的联盟才会可行和日益强大。如果情况并非如此，那么一旦军事干预结束或促成联盟的动机消失，联盟关系就会松动。这也许说明了为什么欧盟成员国的共同利益不足以分享其军事力量。

虽然希腊是欧盟和北大西洋公约组织的成员国，但是在1999年科索沃战争期间，希腊却站在了俄罗斯和塞尔维亚的一边，与欧洲对抗。这一事实非常重要，如果希腊自愿或被迫脱离欧元区甚至欧盟，俄罗斯可能会将希腊拉入自己的阵营。这对俄罗斯来说，具有重大的地缘政治利益，因为能够强化其在地中海的地位，并能更好地控制黑

① 美国与萨达姆·侯赛因的关系曾非常好。1980年，这位伊拉克领导人获得了美国底特律市的钥匙，以表彰他为当地教会捐款。

海舰队所在的塞瓦斯托波尔港。在这种情况下，俄罗斯可能会在伯罗奔尼撒半岛等要地建立一个海军基地。

成员实力不均衡，也可能导致联盟崩溃。正如路易十四的枢机主教儒勒·马札然在《政治家概略》中所说的那样："在一个利益共同体中，当其中一个成员变得过于强大时，这个共同体就会出现危险。"将这句话应用于今天的世界，我们就可以了解那些脱颖而出的国家是如何成为其他国家的威胁。

在国际舞台上，背叛是司空见惯的，因此，秘密协议是常见的，甚至在公开谈判中作为隐藏的附件出现。1898 年 10 月，英国和德国签署了一项协议，分享了葡萄牙在非洲的利益。在财政状况不佳的情况下，葡萄牙别无选择，只能把自己在非洲的殖民地卖给两个大国。在与德国签署协议一年多后，英国与葡萄牙秘密签署了《温莎条约》。在这个秘密协议中，旧的协议得到了更新：英国和葡萄牙相互保证彼此的领土完整，并承诺在必要时提供相互防御。这很符合一句谚语："在爱情和政治中，一切都是公平的。"（或者说，在爱情和政治中，任何事情都值得。）因此，葡萄牙人在"一战"中参加了同盟国军队，并参与了非洲的军事行动。

不可否认的是，联盟是国际关系里虚伪游戏的一部分，没有什么事情可以让人感到意外。在 20 世纪 30 年代，面对人们对自己反德言论的指责，温斯顿·丘吉尔回应说："如果情况发生逆转，我们可能同样是亲德国人而反法国人的。"毕竟，国家的目标是利用一切可能的手段迫使敌人满足自己的利益，而联盟只是其中的手段之一。

在这种实用主义的背景下，悖论经常出现。斯大林在 1944 年撤回暗杀希特勒的命令，是因为担心如果德国的其他领导人上台，德国会与西方盟军达成将苏联排除在外的和平协议。在 20 世纪 50 年代，法国同意加入欧洲防务共同体，以换取美国参与印度支那事务；美国希望将法国及其军事力量纳入北约体系，作为交换条件，法国政府要求美国帮助其遏制亚洲的共产主义。

在其他许多情况下，对实现短期目标的过度渴望和焦虑，会导致草率行事或匆忙做决定，最后引发不可逆转的错误。在18世纪，普鲁士国王腓特烈二世写道："在普鲁士的所有邻居中，根据各国实力和地理位置来看，俄国最为危险。基于这个原因，普鲁士的统治者要有能力，很好地培养与这些野蛮人的友谊。"然而，在接下来的一个世纪之末，受顾问怂恿的德皇威廉二世，尽管曾向俄国大使保证会维护两国之间的安全协议，最终还是废除了它。正如俾斯麦预测的那样，这促使俄国投入了法国的怀抱。

还有一个时常引起人们注意的案例，很好地反映了联盟的变化。在20世纪80年代阿富汗战争期间，曾为苏联而战斗的乌克兰人子女，从2001年开始，又与阿富汗的同一股叛乱分子展开了斗争，而现在又变为在为北约而战。北约这个集体防卫组织曾是他们父母所属的华沙条约组织的大敌。

西班牙、法国和英国结盟

在18世纪和19世纪初，由于各个国家在不同时期的利益变化，欧洲大国之间的联盟关系遇到了重大波折。1733年至1789年间，西班牙和法国的君主签署了3项针对英国及其海军霸权的协议。这些协议也被称为"家族内的协议"，因为西法两国的国王都来自波旁家族，他们是亲戚。

1789年爆发的法国大革命导致了这些协议的终结。当最后一位法国君主路易十六被送上断头台时，西班牙不得不与法国开战。1793

年，联盟发生了新的变化，英国和西班牙联合起来结成了新的联盟，两国的联合部队与法国海军开战，重创法国海军。

接着，在英国和法国之间发生激烈对抗的背景下，西班牙有两种选择。一个选择是与法国结盟，这样既可以保证比利牛斯边境的安全，又能保持对英国海军的实力平衡，从而保护自己的海外利益。另一个选择是与英国人结盟，共同对付法国人。最终，西班牙选择了与法国联手，并对英国宣战。

1805 年，当拿破仑·波拿巴考虑入侵英国时，他毫不怀疑地认为：这次冒险，法国别无选择，只能依靠西班牙海军来打败强大的英国舰队。他迫使西班牙奉献了几乎全部的船只。在这一历史关键点上，发生了一场著名的海战——特拉法加海战。这场海战于 1805 年 10 月 21 日在西班牙特拉法加角外海爆发，由海军上将霍雷肖·纳尔逊率领的英国舰队击败了由法国海军上将皮埃尔·维伦纽夫指挥的西法联合舰队。

1808 年，当拿破仑的军队进入西班牙后，联盟再次发生变化。英国站到了西班牙一边，与西班牙一起为赶走法国人而战，要最终击败拿破仑创建的帝国。英国人的愿望终于在 1815 年得以实现。

从那时起，法国花了几十年的时间才恢复其在欧洲大陆的影响力，而西班牙则沦为了二流国家，时至今日也没能恢复往昔的荣光。欧洲大陆风云变幻，英国的力量日渐强大，成了欧洲事务的仲裁者，在欧洲举足轻重，是无可争议的赢家。伦敦成为海上贸易中心和全球金融中心，并将这种地位保持到了 19 世纪末美国崛起之时。

在纳粹德国和美国之间的苏联

1939 年春天，斯大林寻求改善与德国的商业关系，并考虑如果希特勒对波兰开战，就秘密地与德国瓜分波兰。同年 8 月，苏联和德国签订了为期十年的友好和互不侵犯条约。这个互不侵犯条约以领导谈判的两国领导人的名字命名，所以叫《莫洛托夫—里宾特洛甫条约》。条约使双方受益，因为德国向苏联提供机械，而苏联向其供应谷物、石油和矿物。但是希特勒对苏联的这种态度引起了美国的疑虑，美国认为这对其利益构成直接威胁，决定改善对苏联的供应，并推出援助苏联的“租借法案”，即美国将用价值 1400 万美元的战争物资供应苏联。斯大林高兴地接受了华盛顿出人意料的“慷慨”，结果使得苏联与德国的协议陷入了窘境。①

从盟友变为敌人

在“二战”期间，发生在希腊的凯法利尼亚大屠杀，展示了盟友是如何在几个小时内变为敌人的。在受到轴心国的侵略后，希腊领土被意大利人和德国人瓜分了。意大利军队的驻扎地点之一是爱奥尼亚海的凯法利尼亚岛。当时在该岛驻扎的是意大利陆军第 33 步兵师，也称“阿古侬”师，约有 12000 名官兵。意大利军队与德国军队之间的关系是稳定的、友好的。意大利将军安东尼奥·甘丁被认为亲德。他在与苏联的战争中表现出色，还被纳粹德国授予铁十字勋章。但是在 1943 年，由于意大利的投降，一切都发生了变化。看到盟军在意大利半岛的进军步伐不可阻挡后，意大利国王维克托·伊曼纽尔三世于 9 月 8 日签署停战命令，并下令逮捕墨索里尼。

从此时起，驻扎在凯法利尼亚岛上的意大利人发现自己陷入了窘境：要么放下武器，要么与曾经的盟友德国人开战。事实上，可能是

---

① 类似的情况，几十年后，也许会发生在想结盟的欧盟和俄罗斯身上。如果他们结盟，将极大地伤害美国，而美国可能会采取措施，防止或打破这种假设的结盟。

预料到局势有变，几个月前，德国部队便增加了一支由两个营大约2000名士兵组成的特遣队。由于没有船只，意大利军队无法撤离该岛。3天后，意大利将军收到不得向德国人交出武器的命令，也就是说，必须把德国人当作敌人。

48小时后，这些曾经是亲密盟友的人开战了。实力增强的德国人很快就控制了局势，之后，一些被盟军抛弃的意大利人不得不在9月22日投降。在这场战斗中，意大利人伤亡人数有1300之多。被俘虏的意大利人，被判以叛国罪，他们要么在被俘时直接被杀死，要么在经过短暂囚禁后，由军事法庭审判，然后被处决。5100多名意大利人死于德国人之手，几乎占士兵总数的一半。而其余的人也没有好运，除了那些能够证明自己来自被德国吞并的蒂罗尔的人之外，其余的人或被留在岛上参加强迫性劳动，或被送往集中营。

美国和苏联的关系

在“二战”期间，美国和苏联是亲密的合作者。为了击败德国和日本，美国需要苏联军队的支持。而这支人数庞大的军队所缺乏的物资，可以由强大的美国工业大量供应。

在这个背景下，美国向苏联出借了数十艘战舰以换取1945年8月8日苏联对日本宣战。为此，这两个大国在1945年初签署了秘密协议。这个在华盛顿签署的协议，破坏了日本和苏联曾在4年前签订的中立条约。这个中立条约曾确保日苏双方避免腹背受敌（苏联当时正对德国作战，而日本则正对美国作战）。

为了与日本开战，苏联要求美国为其提供数量众多的各种物资（包括船只和飞机），以建立强大而现代化的武装力量。根据该协议，诞生了一个名为“Milepost”的大型计划，以及后来名为“Hula”的计划。美国曾计划向苏联移交180艘船只，但最终只移交了149艘，其中包括塔科马级的30艘护卫舰。此外，美国军方开始训练超过12000名的苏联士兵，其中约有750名是军官。有趣的是，来自两国的这些士兵，几个月后，从盟友变为了敌人，因为他们的国家进入了意识形态和地缘政治对抗阶段，在之后几十年一直如此。

菲律宾目前的情况

自1898年脱离西班牙的统治后，菲律宾与美国的联盟非常紧密。这使得美国将菲律宾当作对中国进行战略遏制的关键点。然而，自罗德里戈·杜特尔特于2016年6月30日当选总统以来，情况发生了意想不到的转变。

由于广受西方国家对其在打击毒品犯罪过程中侵犯基本人权行为的批评，以及与时任美国总统奥巴马关系的恶化，杜特尔特决定改变菲律宾的外交政策，脱离华盛顿的阵营。

鉴于菲律宾的地缘政治重要性，美国总统唐纳德·特朗普尝试修复与杜特尔特的关系，以使菲律宾回到美国的怀抱。但菲律宾与中国地理距离接近，两国商业关系密切，中国对菲律宾有巨大的经济吸引力。面对这种形势，美国能够为菲律宾政府提供多大的利益是问题的关键。

复杂的美日联盟

朝鲜问题可能仅仅是美国为掩盖其与日本关系的困境而放出的烟幕弹。这种困境始于1945年8月美国对日本广岛和长崎的原子弹轰炸，因为自那时起就埋下了未来美国与日本关系的伏笔。专门研究这一地区的分析人士认为，只要日本还是一个国家，就永远不会放弃对美国人使用核武器行为的追责。从理论上讲，在任何时候，日本都可以向国际法庭指控美国的危害人类罪行。这将对美国在亚洲和世界其他地区的声誉造成无法估量的损害。迄今为止，在许多方面，日本都以一种非常谨慎而有效的方式对美国施压。因此，美国总是需要在中国南海放出一枚烟幕弹，因为其在该地区的主要“盟友”——日本也是一根围绕在其脖子上的套索。无论美国想或不想在中国南海做什么，都必须得到日本政府的支持并与日本“商量”。

此外，韩国人民对日本军队的憎恨源于日本对朝鲜半岛的统治。其统治始于 1910 年，终结于“二战”结束。由于这种仇恨，只要日本是美国在该地区的主要盟友，韩国和美国就不可能达成持久的协议。

对于较弱的国家，联盟可能是具有高度风险的。因为这些国家很容易被联盟中的强国拖入对它们没什么好处的行动之中。由于强国的影响总是难以抗拒，弱国的领导人如果真的是为国民的利益服务，就必须有足够的勇气和尊严，不在任何事情上向强国让步。领导者要记住，当他们不再有用时，将会被曾向他们承诺一切的“盟友”所抛弃。根据上述内容，可以得出一个教训，正如马基雅维利在《君主论》中所说的那样：“依靠自身力量和自身才干的防御才是优秀的、安全的和持久的。”

第四章　大国只做不说的秘密准则：统治世界的方式

一旦了解了世界是怎样的及如何建立地缘政治，也就是说，知道了要做什么、为什么而做，下一步就是制定一个地缘战略计划，以实现这些目标。更具体一点，就是如何制定和平时期和战争时期的国际政策，以在国际范围内或区域范围内保卫国土和人民，避免受到他国的不当影响。研究一下历史上和当今的地缘战略，我们会发现许多战略是一脉相承的。

1．威慑

战略家的工作是考虑如果威慑失败该怎么办。

——迈克尔·霍华德

没有比进攻更好的防御，可以说最好的防御形式是威胁、是进攻。

这种战略是指通过威胁使用身体或情感上的武力或惩罚措施（辱骂、羞辱、蔑视等），迫使他人按照自己的意志行事。有些人主张对犯罪分子使用威慑，他们认为人们在权衡利弊之后，才会选择遵守法律或违反法律。对此很难验证，因为只有犯过法的人才知道当时是怎么想的。

在17世纪和18世纪，托马斯·霍布斯、切萨雷·贝卡里亚和犯罪学现代威慑理论之父——杰里米·边沁提出，国家应实施一种预防犯罪的制度，对违法行为的惩罚要大于实施犯罪所带来的好处。

威慑理论也可以应用于国际关系：各国寻求捍卫自己的利益，但是在缺乏中央权威的无政府性国际体系中，冲突将不可避免地产生。因此，威慑是各国用来维护本国利益并影响他国行为的重要工具。

在地缘政治背景下，威慑主要是指使用能够造成难以恢复的伤害的武力进行威胁，从而使敌人因害怕受到报复而不发动攻击。历史学家维克多·戴维斯·汉森将威慑理解为给敌人制造一种感觉，即战争是代价高昂、无利可图和久拖不决的事情。迈克尔·霍华德认为，威慑的目的在于说服对手，使其相信用军事手段解决政治问题是不值得的。

一个国家的武装部队在和平时期的首要任务，是对妄图入侵本国的势力实施有效的威慑。按照这种方式来理解，历史上几乎所有的政治关系都涉及威慑。

“二战”后，世界划分为两个争夺全球霸权的集团。这是一场意识形态、战略和武装的斗争，其特点是威慑的主要工具是核武器。在整个冷战期间，美国和苏联在威慑战略的基础上保持了“恐怖的平衡”。广岛和长崎的原子弹爆炸证明了核武器的威力，因此，两个超级大国都希望这种袭击不要落在自己的领土上。此时，战略的重点不仅是打败敌人，还有如何防御核打击。由于核武器的发展势不可挡，任何一方都不会在冲突中获益。这种相互摧毁理论迫使两个超级大国通过代理人或第三国战争来解决分歧，以将冲突限制在较低级别，避免自我毁灭性的直接对抗。

冷战时期，让世界陷入悬念的时刻是古巴导弹危机。在 20 世纪 60 年代早期，华盛顿和哈瓦那断绝了外交关系，而古巴领导人菲德尔·卡斯特罗开始接近苏联，并加入了共产主义集团。1962 年 10 月，美国情报部门在古巴海岸发现了射程可以覆盖美国领土的核弹道导弹。鉴于美国在土耳其和与苏联相邻的其他欧洲国家拥有军事基地和核导弹基地，苏联的这一战略性举措明显体现了“包围和反包围”的战略。美国计划袭击古巴或对该岛实行封锁，但是最终决定对古巴进行封锁。由于几艘苏联船只驶向古巴，10 月 22 日至 28 日是最紧张的一周。面对这种情况，美国划出了一条红线：如果苏联的船只越过该线，美国就会发动核攻击。还有其他一些可能引发战争的事件，例如美国俘获苏联潜艇、古巴击落美国飞机以及另一架美国飞机在苏联领空被击落。然而，核灾难的威胁阻止了这两个大国的冒险行为：苏联船只掉头了，并没有跨越红线，随后又撤出了在古巴的导弹；而美国也撤出了在土耳其的导弹，白宫和克里姆林宫之间还建立了直通电话。

虽然在 21 世纪，核武器仍然是国际和平与安全的主要威胁之一，但是现在除了军事手段外还有其他方法可以实施威慑战略，例如封锁石油运输通道、操纵汇率等。

为了使对手真正地感到恐惧，并使其确信开战可能意味着直接和无法恢复的伤害，威慑战略必须基于三个原则：一是拥有全能及可靠的力量和手段，这种力量和手段可以是自己所有或与盟友共有的；二是在必要的情况下，有使用这些军事力量的政治意愿；三是向对手甚至是潜在的对手传递一个信息，即自己拥有威慑力量和手段，而且，为了捍卫国家安全，本国政府能够使用这些力量和手段。

将信息传递给对手，与拥有手段并有使用它的意愿同样重要。如果你的潜在敌人不了解你的手段和使用手段的意愿，你的潜在能力是没有用的。除非，你的目标是隐藏实力，使敌人因为过度自大而盲目攻击，结果在你更胜一筹的实力面前不堪一击。

这就是朝鲜为了维护其主权及其政治和社会制度而使用的战略。朝鲜的看法是，自己在任何时候都可能受到与其意识形态不同的国家的攻击或入侵，所以朝鲜四处宣扬包括核武器在内的军事力量，目的是向对手传达威慑信息，以免遭受到伊拉克或利比亚等国的厄运。朝鲜认为如果这些国家拥有大规模杀伤性武器，就不会遭到入侵。尽管在 2003 年，美国攻击萨达姆·侯赛因政府的理由是伊拉克拥有大规模杀伤性武器，但实际上，恰恰是因为没有这些武器，伊拉克才遭到了攻击。

感知无疑在这一战略中起着至关重要的作用：你拥有的真正力量与敌人认为你有什么样的力量和你怎么使用这种力量同等重

要。通俗地说，你是什么和你拥有什么并不重要，重要的是你代表什么。

2．包围和反包围

从过去到现在，包围一直是地缘政治的一种法则。

——弗朗索瓦·蒂阿尔

地缘政治可以被视为一个巨大的棋盘。在公元7世纪，波斯国王库思老二世问自己：“如果一个统治者不了解国际象棋，他怎么能统治一个王国呢？”棋局中的一举一动都是为了在战略上给对手施加压力，使对手四周的包围圈越来越小，直至被将死。为此可以牺牲棋子，将对手诱入陷阱，可以通过“王车易位”保护国王，等等。在这种战场确定的斗争中，力量（棋子数量）很重要，计谋（移动棋子的方式）也非常重要。历史上使用这种战略的例子不胜枚举。

在20世纪初，英国的政策目标是将阿拉伯王国压缩在被微型国家——酋长国包围的领土之内。在同一时期，法国剥夺了叙利亚的出海口，分割叙利亚的内陆，将黎巴嫩从大叙利亚分裂出去。

冷战是一个明显的战略博弈实例。在这场博弈中，博弈双方想做的就是扼杀敌人，削减其势力范围，同时通过增加盟友数量来扩大自己的影响力。这场棋局中所使用的小棋子是那些来自拉丁美洲、非洲或中东的国家。洛洛特和蒂阿尔认为，美国及其盟国曾努力通过一系列协议包围苏联及其盟友。

另一个例子是古巴导弹危机。美国在土耳其有导弹，苏联想在古巴部署导弹，两者都是为了给对方施加压力，以拥有更多的控制权。

时至今日，美国一直依靠一系列盟友的支持和帮助，阻止俄罗斯染指某些地区。同样可以引用以色列的例子。这个国家遭到了阿拉伯邻国的围困，所以一直在计划如何打破它。其中一种方法是参与埃塞俄比亚青尼罗河的水坝建设，以便通过控制这条流经埃及的河流，威胁对埃及人民至关重要的水源，以此向埃及施加压力。

在另一个地理背景下，根据蒂阿尔在《高加索的地缘政治》一书中的说法，阿塞拜疆对于美国的作用在于监控俄罗斯和伊朗。同样，为了土耳其和阿塞拜疆的利益，美国一直在亚美尼亚的南部对其实施包围，将其与邻国和盟友伊朗隔离开来。出于这个原因，亚美尼亚人确信有一个针对自己的阴谋，目的是将从地中海到中国之间的土地连成片。

迈克尔·霍华德警告说，为了避免成为地缘政治围困战略的受害者，一个国家可以寻求邻国以外的盟友或控制海岸以外的海洋，以防止敌对力量聚集在一起对其进行攻击或实施封锁。毫无疑问，俄罗斯一直在这样做。

海峡作为包围的工具

今天与历史上的大部分时期一样，一个不争的事实是谁掌控了海洋，谁就掌控了世界。为了实施海上包围与反包围，关键的地区是历史上贸易和经济流通的必经之地。在当前的地缘政治中，主要的海上贸易通道是马六甲海峡、霍尔木兹海峡、苏伊士运河和巴拿马运河。前两个是天然海峡，后两个是人工运河，这四个通道集中了世界上63%的石油运输量。

自1869年起，连通地中海和红海的苏伊士运河给海上航线带来了巨大的进步，因为从亚洲到达欧洲不再需要绕行非洲。尽管目前的运河可追溯到拿破仑·波拿巴时代，但是第一次建造两海之间的通道是在13世纪。拿破仑认为在苏伊士地峡开挖运河将使法国具有比英国更大的优势，因为法国控制运河（及其通行费）后，英国将不得不通过向法国支付过路费或通过好望角绕行非洲。这是一个明确的战略例子，说明了对苏伊士运河的控制如何使一个强国的力量超过另一个强国。

埃及人和法国人最终建成了运河，但是累积的债务迫使他们于1875年将股份出售给英国。虽然在1888年签署的国际公约规定，任何一个国家的船只都可以通过这条运河，但是在整个20世纪，爆发了多次有关这条运河的所有权和使用权的冲突。1956年，法国、英国和1948年建国的以色列与埃及爆发了冲突，称为“苏伊士运河危机”。在这场危机期间，埃及不顾法国和英国停止资助阿斯旺大坝的威胁，毅然将运河国有化。为进行报复，埃及击沉了40艘船并封锁了运河。

由美国领导的联合国最终促成了休战。开罗获得了苏联的资金，用于建设大坝，并于1957年重新开放运河。

加勒比海和太平洋之间的巴拿马运河，是另一条重要的通道，每年可由此运输2.35亿吨货物。自1914年开放以来，已经有超过100万艘船只从这里通过。在巴拿马运河开通前，为了从大西洋前往太平洋，航海者不得不环绕美洲大陆，并穿过位于智利的麦哲伦海峡或合恩角。美洲原住民曾使用过巴拿马地峡，西班牙人到达美洲时也这样做过，以发展贸易并缩短旅行时间。从15世纪起，人们就有建设运河的想法。但是直到20世纪初，巴拿马在美国的支持下从哥伦比亚分离出来后，才促成了工程的开工建设。巴拿马宪法将政府手中的运河定义为“国家不可分割的财产”。

国际贸易的主要自然通道是霍尔木兹海峡和马六甲海峡。世界上1/5的石油通过霍尔木兹海峡运输，每天约有1300万桶来自波斯湾的石油经这里运送到东方和西方。尽管与阿曼和阿拉伯联合酋长国共享水权，但是霍尔木兹海峡主要由伊朗控制。近年来，由于也门冲突的恶化，伊朗与沙特阿拉伯之间的关系也变得更加紧张，伊朗曾威胁封锁霍尔木兹海峡。这是一个明显的包围和反包围的情况，因为如果沙特阿拉伯及其盟友在也门对伊朗造成伤害，伊朗将通过威胁这些国家在霍尔木兹的利益而做出反应。

马六甲海峡将印度洋与太平洋连接起来，世界50%的海上交通运输由此通过。东南亚国家联盟（简称“东盟”）和区域贸易条约等协定促进了该地区各国之间的经济关系，使各国在马六甲面对政治紧张局势时能够采取共同行动。毫无疑问，中国在该地区的任何行动都受到日本和菲律宾等其他亚洲国家的怀疑，也受到近年来将其外交政策重点转向亚太地区的美国的怀疑。这是中美关系中的政治和经济利益竞争在地理层面上的反映。

因此，通过这种包围和反包围的战略，对对手的战略要点加以控制或施加一些压力，就能够削弱对手并巩固自己的地位。当涉及多个国家时，战略要点就会成为热点，只有保持力量平衡才能避免冲突。

这种战略可以在任何地方使用。俄罗斯对克里米亚的“吞并”使其受到了欧盟的封锁和经济制裁；而北约在俄罗斯边境附近开始部署强大且具有挑战性的力量，促使俄罗斯在叙利亚等地采取了相应的反包围对策。如果继续受压，俄罗斯很可能会通过在其他地方的反制行动做出回击。

由于气候变化引发的全球变暖，北极变得越来越重要。谁控制了海上通道和储量巨大的资源库，谁就会在国际竞争中占上风。因此，北极的周边国家，主要是美国、加拿大和俄罗斯，为了控制北极，都在积极进行外交和军事努力。例如，俄罗斯正在推动军事基地的建设和强大核动力破冰船（如 75000 马力的 Arktika）的建造。

穿越北极能够避免巴拿马运河的瓶颈限制，也能够避免苏伊士运河和马六甲海峡的瓶颈限制（自 20 世纪初起，俄国人担心这两个海峡遭到海上封锁，尤其是担心苏伊士运河受到德国和土耳其的封锁）。这个“捷径”意味着节省大量通过这两个海峡的成本。例如，每艘船穿越巴拿马的平均成本为 15 万美元，而等待通过期间，每天还需要 35000 美元。此外，使用北极通道代替巴拿马运河或苏伊士运河意味着节省大量时间，因为距离将缩短近一半。欧洲和亚洲之间的航程将从目前的 31 天缩短为 3 周。

很明显，北极的地缘政治重要性是巨大的。

俄罗斯被包围了

俄罗斯感受到了美国及其北约盟友渐进式地缘战略的围困，并一直想打破这种围困。

自 1991 年以来，正如西班牙地缘政治学家豪尔赫・韦斯特万杰所指出的那样，美国利用俄罗斯在苏联解体后的衰落，通过不断为本国和北约建立军事基地而对俄罗斯边界实施日益严重的包围；与此同时，还不断干涉俄罗斯和前苏联地区的内部事务，其最终目标是尽可能将俄罗斯的影响力推向远离西欧的欧亚大陆内部。

同样，根据韦斯特万杰的说法，渴望独霸世界的美国还计划将俄罗斯和中国的影响赶出非洲和拉丁美洲。

蒂阿尔同意韦斯特万杰的说法，他说自苏联解体以来，美国对俄罗斯的战略包围具有双重目标性：既要防止这个国家再次成为一个世界性大国，又要尽量保持其地区性大国的地位。为此，美国将俄罗斯周边的曾为苏联加盟共和国的国家逐渐纳入“北约化”的进程，并加剧高加索和中亚的冲突。目前，乌克兰的事态发展表明，这是美国用来打压俄罗斯的一张地缘政治牌。

俄罗斯试图打破在格鲁吉亚的包围

在21世纪初期，俄罗斯联邦具有不可否认的经济实力，这是它以高价大量出售能源资源的结果。不安的美国期望油价大幅下跌以拖垮俄罗斯经济，从而遏制俄罗斯的扩张。

俄罗斯曾经被以美国为首的北约和日本等国打压得走投无路，因为其经济实力对于打破包围来说是杯水车薪。在科索沃战争（1999年）失利之后，俄罗斯试图在一个对其生存至关重要的地区采取行动，那就是高加索。俄罗斯对南奥塞梯分离主义的支持，以及2008年8月与格鲁吉亚之间爆发的军事冲突，都符合经过完美计算的地缘政治利益。

自19世纪初起，沙皇俄国开始征服格鲁吉亚公国，而格鲁吉亚民族主义者一直梦想将俄罗斯人赶出国土。格鲁吉亚的这种怨恨，通常以镇压的形式发泄在亚美尼亚人、阿布哈兹人、阿布扎里人以及多数认为自己是俄罗斯人的奥塞梯少数民族身上。面对这种情况，在整个20世纪，西方大国利用格鲁吉亚人的民族主义情结及其对俄罗斯人的抗拒心理，来削弱苏联（俄罗斯）在该地区的影响力，而俄罗斯则利用格鲁吉亚的少数民族与之对抗。

到2008年，格鲁吉亚已经成为美国在高加索地缘政治活动的焦点之一。该国获得了美国无条件的支持，并与乌克兰和阿塞拜疆一起被纳入了北约候选国家名单。更让俄罗斯无法忍受的是，美国与格鲁吉亚的这种联盟关系已经从单纯的防守变成了肆意的进攻。在美国、德国、乌克兰和土耳其等盟友的支持下，第比利斯在南奥塞梯发动进攻。南奥塞梯长期渴望与北奥塞梯的族裔兄弟合并，并加入俄罗斯联邦。

俄罗斯清楚地看到了这一点：只能反击，不能屈服。俄罗斯面临非常大的战略性压力，没有任何出路。在苏联解体之后，后退一步就意味着其信誉和威望的终结。俄罗斯必须表明自己在地缘政治博弈中是不可或缺的，因此必须恢复往日在世界上的地位和影响力，正如它现在在叙利亚所做的那样。俄罗斯认为在该地区与亚美尼亚和伊朗结盟是正确的。亚美尼亚可以激起居住在格鲁吉亚的亚美尼亚族人的民族感情，进而通过在纳希切万采取军事行动威胁阿塞拜疆。而希望从里海资源分配中获益的伊朗，可以从南方施加压力。

这次军事行动的直接战略优势是明显的。依靠统一的奥塞梯，俄罗斯可以控制大高加索山脉的主要通道以及里海和黑海之间的交通，同时也可以完成对车臣的围困。

至于格鲁吉亚的另一个分离主义地区——阿布哈兹，它对俄罗斯的地缘政治重要性甚至超过了南奥塞梯。这个黑海港口可以替代克里米亚半岛上的塞瓦斯托波尔。不要忘记，对于俄罗斯来说，拥有不冻港出海口一直是战略重点。在苏联时代，塞瓦斯托波尔就是理想之地。自 1997 年以来，俄罗斯每年以 7000 万欧元的价格从乌克兰手中租用塞瓦斯托波尔港口。在格鲁吉亚爆发冲突时，基辅发出了撤销 2017 年塞瓦斯托波尔租赁合同的声音。

通过承认南奥塞梯和阿布哈兹的独立，莫斯科大胆地向全世界展示了俄罗斯反击的决心。

俄罗斯也在委内瑞拉进行尝试

在 2008 年的时候，和现在一样，俄罗斯认为美国是其主要的地缘政治竞争对手，并认为美国是阻碍其恢复超级大国地位的主要威胁。时任俄罗斯总统德米特里·梅德韦杰夫在当年 8 月 31 日，阐述了其外交政策的五个基本点，断然拒绝美国强加于人的霸权主义行径。在俄罗斯的多极世界秩序愿景中，俄罗斯将编制一个战略基础网络，以便在未来投射其力量。考虑到这一点，俄罗斯积极拉拢也门、吉尔吉斯斯坦、塔吉克斯坦、利比亚和叙利亚。同时还在拉丁美洲寻求加强与尼加拉瓜和古巴的关系，但是其主要的区域伙伴是委内瑞拉。

鉴于委内瑞拉政府毫不掩饰其反美主义倾向以及委内瑞拉时任总统乌戈·查韦斯向该地区其他国家输出“玻利瓦尔革命”的决心（ALBA 计划），俄罗斯决定在 2005 年至 2007 年间向其出售价值 34 亿欧元的武器。由于俄罗斯提供了贷款，委内瑞拉又追加了另外 8 亿欧元的军购。尽管《委内瑞拉宪法》第 13 条禁止外国在其领土上建立军事设施，但是俄罗斯可能会在那里建立一个永久驻军基地。与委内瑞拉的合作将使俄罗斯能够影响巴拿马运河。如果委内瑞拉效仿日本和德国在“二战”期间的做法，查韦斯从俄罗斯购买的飞机就可以通过攻击船闸或过往船只，切断世界上两个最大海洋之间的联系。

面对俄罗斯和委内瑞拉的紧逼，美国重新恢复了于 1950 年解散的第四舰队，目的是捍卫其在加勒比海、中美洲和南美洲的利益，并保护巴拿马运河。与此同时，美国计划在哥伦比亚拉瓜基拉半岛建立一个军事基地，而这一地区实际上是哥伦比亚与委内瑞拉边境的唯一连接部分，美国的这一行为可以视作半进攻行为。同样，尽管 1999 年完成了非军事化进程，巴拿马时任总统马丁·托里霍斯还提出为美国人提供一个新的停泊港口，以换取美国为巴拿马的军事和情报设备升级。很明显，俄罗斯军事力量的迫近令美国政府感到不安。

弗朗索瓦·蒂阿尔说，历史表明，当一个国家被包围时，最终会变得更激进和更具侵略性。面对压力，俄罗斯、朝鲜或伊朗都可能发生这种情况，因为摊开地图就可以看到美国和其盟友所建立的军事基地是为了包围谁。美国战略分析家法里德·扎卡利亚估计，美国在海外拥有 766 个基地，分布在 40 多个国家。美国在这些国家拥有近 20 万军队，占据着 2750 平方公里的外国领土。

3. “抽梯子”

一旦你到达了荣耀的顶峰，非常聪明的做法就是抽掉梯子，不让别人有爬上来的机会。

——格奥尔格·弗里德里希·李斯特

虽然这一战术可以应用于国际关系的所有领域，但是它起源于经济学领域。在 19 世纪中叶，德国经济学家格奥尔格·弗里德里希·李斯特在他的论文《国家政治经济体系》中写道：对于任何国家来说，如果依靠贸易保护和海运限制政策，提高了工业实力和海运能力，使得其他国家在自由竞争条件下已经无法与其抗衡，这个时候，最明智的做法莫过于把自己爬到高处时所用的梯子扔掉，然后告诉其他国家自由贸易的好处。

李斯特祝贺英国成为一个超级大国，并将这种成功归因于殖民地。因为英国的殖民地为其提供原材料，英国负责加工原材料并通过船队进行销售。尽管英国及其工业革命极大地推动了世界的进步，但是英国也应该扪心自问一下，它是否应该对其他一些国家的衰落负责。

韩国经济学家张夏准在经济层面深入研究了李斯特的“抽梯子”理论。在那些于全球化中处于不利地位的国家，张夏准的研究非常受欢迎。他的研究前提是这样的：欠发达国家面临着巨大压力，它们所采取的经济政策无法使自己受益，却总是让那些领导世界经济和金融的国家受益。与此同时，这些欠发达国家无法采取拥护自由贸易的国家之前所采取的措施，来追赶这些拥护自由贸易的国家现在所达到的发展程度。原因是这些现在拥护自由贸易的国家，抽掉了使欠发达国家达到经济高峰的“梯子”，使它们难以望其项背。

张夏准认为，那些目前最热衷于自由贸易的国家，虽然认为自由贸易是通向繁荣的道路，但是当它们处于发展的初期阶段时并没有遵循这种立场，而是通过对进口商品征收高额关税来保护国内市场，同时通过补贴、国家信贷和其他手段激励出口，促进自己的工业发展。

事实上，这就是18世纪时英国成为世界第一经济大国和世界工厂的方式。18世纪末直至“一战”爆发，随着世界新秩序的确立，自由贸易开始盛行，世界进入了繁荣时期。

自14世纪以来，英国一直在推行激励毛纺织业的政策，虽然很难衡量这些政策对工业发展的具体影响，但是这些政策无疑是不可或缺的。英国第一任首相——罗伯特·沃尔波尔于1721年颁布的改革措施，促进了制造业发展，其方式是向殖民地出口工业制成品，并从殖民地进口原材料。美国和英国是18、19世纪两个最盛行贸易保护主义的国家，其关税征收比率超过了50%。德国、法国、日本和荷兰等国也采用了类似的政策。

自由贸易在“一战”中陷入了僵局，因为当时各国都建立了贸易壁垒以保护本国经济。直到1945年“二战”结束，主要由美国推动的贸易自由化谈判才重新启动。但是，在保护主义时代之后，隐藏在政策中的保护主义仍然存在。例如，出口的自愿限制、服装和纺织品配额、农业补贴和预防倾销的税收政策。倾销是指企业以低于国内市场的价格出口产品。在这种情况下，20世纪80年代经济危机之后的“抽梯子”政策便在“华盛顿共识”当中体现出来。而这次经济危机主要影响的都是发展中国家。

英国经济学家约翰·威廉姆森在1989年总结说，“华盛顿共识”提出的十项建议的前提是，为了创造财富，必须消除关税壁垒，开放市场以适应世界贸易。这十项建议主要是针对陷入巨大债务危机并受世界银行、国际货币基金组织和美国财政部控制的拉丁美洲国家。把这十项建议应用到贷款利率高和期限短的拉丁美洲国家时，人们没有考虑到可能的不利影响。最终，由于1994年的墨西哥危机，“华盛顿共识”失败了。这场危机是由墨西哥缺乏国际储备所引起的，并造成了全球性的影响。在提倡自由贸易的国家已经处于霸主地位之时，“华盛顿共识”因为促进了新自由主义思想的传播而受到了一些人的批评。在2008年全球金融危机之后，“华盛顿共识”似乎已经死亡。2010年，在韩国举行的G20峰会期间，成员国签署了《首尔发展宣言》，旨在通过公平和持续的发展减少不平等和解决全球贫困问题。

一些经济持续增长的国家，如巴西等，已经注意到“抽梯子”战术的作用。因此，在遏制气候变化协议的谈判过程中，一些国家利用这种战术为自己的高碳排放量辩护，以达成有利于自己的协议。这些国家声称这是自己发展经济的需要，还认为目前提倡减排的国家早已通过无限制的排放实现了自己的发展。

英国的贸易保护主义

自由市场是最强大的武器。

——俾斯麦

1651 年 10 月 9 日，英国通过了第一部《航海法案》。奉行重商主义原则的英国所制定的法案是一系列的法律性限制，旨在保持英国殖民帝国的贸易利益。为此，英国规定在其帝国内部，只有英国船只可以与其殖民地进行交易，同时阻碍殖民地拥有可以与宗主国相匹敌的工业结构。

在荷兰独立战争后，英国贸易所处的局面非常不利，而 1647 年，西班牙帝国对荷兰贸易解除禁运，极大地推动了荷兰的国际贸易，所以英国颁布了这项法案。通过颁布该法案，英国政府想要遏制荷兰的海上优势，尽管该法案也影响了法国和西班牙等其他强国，但是荷兰以对英国宣战的方式做出了回应。最终，马丁恩·哈珀兹佐姆·特罗姆普领导的荷兰海军败给了罗伯特·布莱克领导的英国海军，这标志着荷兰强国地位的衰落。

建立商业垄断的结果明显对英国非常有利，因为英国的海关收入增加了。英国商人以低价购买商品，然后以高价售出，并将获取的利润投资于工业，而殖民地则成了专属市场。英国保障了商业和工业进程的连续性，并成为国内秩序的保护者和国外利益的捍卫者。在一个世纪里，英国船队的规模翻了一番，从而使英国成为世界上的主要海洋强国。

在近两个世纪的时间里，航海法案的连续性为英国贸易提供了支撑。其经济影响不仅引发了英荷战争，还成为美国独立战争爆发的原因。直到 1849 年，该法案才被废除，因为此时在全球实行自由贸易更有利于英国的利益。

在巩固世界经济大国地位的同时，英国举国上下依然反对自由贸易。18 世纪末，在对法国和西班牙的战争中，相当多的英国知识分子认为：为了贸易利益，英国应该继续与这两个国家进行海战，不能与法国和西班牙实现和平，以免与这两个国家进行自由贸易。但是在 18 世纪的最后 25 年中，当机械化使英国成为全球工业产品供应商之后，英国政府成为自由贸易的拥护者，因为他们知道没有人可与其竞争。

美国第 18 任总统尤利西斯·S. 格兰特（1869—1877 年任职）意识到英国人通过诡计获利颇丰，美国人也可以采取同样的做法来盈利（美国这样做了，多年后成了经济大国）。格兰特具有远见卓识，推动了全球化，而全球化又成为推动美国在全球发展的杠杆。但是格兰特估计错了全球化过程的时间，因为美国人只花了一个世纪，而不是他预测的两个世纪。

舞厅的看门人

当他不让你进去时，舞厅的看门人是你最大的敌人；当你已经进去时，他就成了你最好的盟友。

——哈伊梅·坎姆玛尼

八国集团可以与西班牙著名记者哈伊梅·坎姆玛尼所指的舞厅看门人相媲美。它可以追溯到当时的美国、日本、德国、意大利、法国和英国 6 个世界经济大国于 1973 年成立的六国集团（简称“G6”）。后来，加拿大和俄罗斯相继加入该集团。这 8 个国家应该是世界上工业化程度最高的国家，但是如果以经济发展速度为标准来衡量，中国和印度也应该位列其中。然而，由于在这个精英俱乐部中，各国能够从自己利益出发就影响全球经济和政治的决策进行协商，达成共识并采取立场，因此它们希望这个集团不要扩大。

核俱乐部的排他性

“舞厅看门人”战略也被用于 1968 年签署的《不扩散核武器条约》（TNP）。该条约限制世界许多国家发展和拥有核武器，但是不限制美国、英国、法国、苏联（俄罗斯）和中国——这些国家在条约签订前就进行过核试验。从那时起，190 个主权国家签署了《不扩散核武器条约》，承诺不进行核试验。印度、巴基斯坦和以色列从未签署过这个条约（南苏丹刚刚诞生，鉴于其面临的局势，也没有签署该条约），但是它们拥有核武器。据说，以色列通过从美国获得的转让技术而掌握了核武器，很显然美国的这种行为动摇了《不扩散核武器条约》的根基。另外，朝鲜于 2003 年退出了《不扩散核武器条约》，并进行了核试验。而伊朗，在 20 世纪 50 年代开始从美国获得援助以发展军事技术，但是在 1979 年伊朗革命后这种援助停止了。在 20 世纪 80 年代后期，伊朗又开始开发民用核技术，但是因美国怀疑伊朗将其用于发展核武器而实施了制裁，伊朗于是放弃了发展民用核技术。

《不扩散核武器条约》规定核技术不得转让，无核国家承诺不发展核武器，而有核国家同意自愿削减其核武器。绝大多数主权国家已经在法律上承诺不拥核，而联合国安理会仍然愿意采取措施，确保没有新的国家拥有核武器，从而使五国俱乐部（和几个被“溺爱”

的国家）长期存在。

核武器问题可以说是国际舞台上最虚伪的问题之一。自相矛盾的是，2015 年美国《国家安全战略》报告指出，“不负责任国家或恐怖主义国家可能使用核武器和核材料，对我们的安全和福祉构成更大的威胁”，而美国正是唯一一个对平民使用过核武器的国家，而且还是两次。但是，这并不妨碍美国将其他想要发展核武器的国家看作“流氓”国家或“不负责任”国家。

美国前总统巴拉克·奥巴马在 2008 年竞选期间做出承诺，要建立一个没有核武器的世界。尽管这是奥巴马获得诺贝尔和平奖的主要原因之一，但是这个承诺最终落空了。美国和俄罗斯于 2010 年签署了《第三阶段削减战略武器条约》，该条约将这两个国家的战略核武器数量限制为不超过 1500 件，但是由于在乌克兰发生的事件，该谈判于 2014 年 12 月中断了。

确实，全球有效核弹头的数量已大幅减少，从 1986 年的 64500 枚减至现在估计的 10315 枚。①

另一个事实是，作为核巨人，美国和俄罗斯一直在对其核武器库进行现代化升级。事实上，俄罗斯在其经济财富持续发展的同时，将近 1/3 的国防预算用于改善其核武库。另一个未解决的问题是核弹头问题，因为条约限制了核国家可以拥有的弹头数量，但是从未提及破坏性能力。这些限制不包括战术导弹（用来攻击有限目标的小型核弹头），它被人们意外使用或未经授权使用的风险更高。有消息称，这些可能未列入战略削减计划的武器，美国拥有约 500 件，俄罗斯拥有

① 估计还有 6000 多枚核弹头等待被拆除，这是一个特别费力和昂贵的过程。有大约 4000 件核武器可以使用，另外 1800 件核武器处于高警戒状态以便能够快速使用。许多核武器被拆除，不是出于人道主义原因，而是出于经济原因，因为其在可操作情况下的维护是非常繁重的。无论如何，我们不可能确切地知道完全可以使用的核武器的数量，因为这是一个国家严格保护的机密。

约 2000 件。

至于朝鲜和伊朗所构成的核威胁，需要将其置于适当的背景下分析：朝鲜有 10 枚核弹头，相比之下，美国有 4700 枚，而俄罗斯有 4500 枚；截至 2017 年 9 月，朝鲜进行了 6 次核试验，而美国为 1032 次，俄罗斯为 715 次；在爆炸当量方面，有记录的苏联核试验最大爆炸当量为 1961 年的 50 百万吨，而美国的核试验最大爆炸当量为 1954 年的 15 百万吨，远大于 2017 年 9 月朝鲜核试验所达到的约 60 千吨级爆炸当量（值得注意的是，在广岛投下的原子弹爆炸当量为大约 16 千吨）。[①]

对于核动力航空母舰来说也是如此。在世界上目前使用的 12 艘核动力航母中，有 11 艘属于美国，另一艘属于法国。同样，在这个星球上，只有五个联合国安理会常任理事国拥有核动力潜艇：美国、英国、法国、中国和俄罗斯。尽管巴西和韩国分别打算在法国和美国的帮助下拥有核潜艇，但这些“舞厅看门人”显然不愿意让其他国家加入精英俱乐部。

正如美国战略分析家法里德·扎卡利亚所指出的那样，美国与俄罗斯加在一起，拥有世界上 85% 的核武器，但是美国却告诉其他国家，即使是只制造一件核武器，在道德和政治上都是令人讨厌的事情。而美国却持有数千件带有核弹头的导弹，还不断地制造和试验新的核导弹。所以，美国的这种谴责是相当空洞的。

地缘政治分析家乔治·弗里德曼认为，美国试图阻止所有新兴大国崛起。美国的战略将包括长期消耗一切威胁者，使其陷入既无法终结又不能轻易放弃的冲突当中。

---

① 一些专家将此数字提高到 60，但是没有提供确凿的证据。不同专家和专业机构提供的数字介于 50 千吨至 300 千吨之间。大多数人认为小于 100 千吨，很可能接近 60 千吨。

4. 让你的邻居变得更穷更弱

不比较不知道大小。

——乔纳森·斯威夫特

占据主导地位的国家总是希望周边的国家不如自己，所以很自然地制定了一系列战略，使邻居变得更穷更弱。纵观历史，西方大国运用手段来保持其主导地位的先例不胜枚举。

德国政治家、普鲁士总理伯纳德·冯·布洛认为，英国参加“一战”的主要原因是，德国建造了一支强大的海军舰队，威胁英国的海上霸主地位，进而危及英国在海上贸易中的主导地位。他还认为，在“一战”之前，英国的两个关注焦点——工业和殖民地，迫使英国人将德国视为其竞争对手和劲敌。

法国反对西班牙加入欧洲联盟是为了维持法国农产品在欧洲的主导地位。法国人很担心，由于没有关税，西班牙农产品在进入欧洲共同市场之后会更有竞争力。虽然法国的反对未能奏效，但是很明显，法国希望保持一种经济上的优势地位。

在我们这个时代，美国认为其邻国墨西哥非常令人讨厌。美国希望邻国保持一定的稳定性，但是不希望邻国快速发展成一个强大的竞争对手。墨西哥有1.25亿人口（还有3500万名墨西哥人或墨西哥裔移民居住在美国），人口增长速度比美国高50%。墨西哥正在从手工业制造跨越到高科技工业生产，同时墨西哥还拥有大量石油储备和蓬勃发展的旅游业，可能在几年之内成为世界十大经济体之一。更糟糕的是，墨西哥的工资是美国的1/10，因此竞争非常激烈。这可能是现任美国总统唐纳德·特朗普宣布改变两国贸易关系的原因。

伯罗奔尼撒战争

如同后来几个世纪中经常发生的战争那样，伯罗奔尼撒战争（前431—前404年）也是一个经典的故事。古希腊历史学家修昔底德认为，战争的起因是：斯巴达认为自己是地区霸主，它感受到了也想成为地区霸主的竞争对手——雅典的威胁。

修昔底德在《伯罗奔尼撒战争史》一书中，从各种角度对这场战争的发展进行了分析。纯粹的军事角度包括：战略、战斗、武器、将军和战斗人员。政治角度包括：参与冲突的每个城市的内部政治环境，以及该地区的区域关系形势。

尽管经济与这场战争的后果高度相关，也是导致冲突爆发和进展的关键因素，但是有关这场战争经济方面的问题极少受到关注。这种在历史上多次发生的区域性地缘政治竞争，虽然是两种相反的政府体系——雅典民主和斯巴达寡头的冲突，但是其爆发的根本原因是经济竞争。

公元前445年，斯巴达和雅典签署了《三十年和平条约》，雅典承认斯巴达仍是伯罗奔尼撒半岛的霸主，作为补偿，雅典可以发展自己的海上力量。但是多年后，斯巴达意识到雅典正在控制地中海市场，这使雅典变得越来越富有和强大。此外，雅典还利用了由雅典政治家阿里斯泰德于公元前478年创建的城邦联盟——提洛联盟。提洛联盟原是为了对付波斯的侵略而创立，它给雅典带来了巨大的力量。联盟所有成员都为旨在保卫联盟免受波斯袭击的行动提供部队、船只和资金。雅典的成功很大程度上是因为建立了这种联盟，使其能够获得大量资金，这反过来又推动了雅典自身的社会和政治发展。

为了充分了解雅典在公元前 431 年与斯巴达开战时的情况，我们必须回顾过去。在提洛联盟的早期，尽管一些成员对雅典不断增长的权力和在联盟内的特权地位持怀疑态度，但是联盟仍然得以维系，因为所有成员都得益于雅典所推动的贸易。但是随着时间的推移，联盟内部的凝聚力日益减弱，因为雅典以维持备战所需为由，滥用其主导地位，对其他成员增税，还强迫他们使用自己的货币。公元前 453 年，联盟的一些成员拒绝缴纳雅典所要求的征税，而雅典对这种滞纳行为实施了惩罚。

公元前 449 年，雅典与波斯帝国签署《卡里亚斯条约》，结束了提洛联盟与波斯帝国之间的敌对状态。战争结束后，提洛联盟的许多成员质疑联盟的作用，因为促使其成立的原因已经消失了。雅典希望保留赋予其权力的联盟，并想将之前联盟的成员变为新帝国的臣属。雅典最终控制了 250 多个城邦，并对该地区的海上贸易实行了绝对的控制。

在这个发展过程中，雅典需要扩大其贸易，以获得更多的利润来维持社会支出。雅典的社会支出主要是为了取悦下层阶级和构成其舰队中坚力量的水手。为此，雅典希望接管邻近地区的主要金矿和银矿。

斯巴达最初没有将雅典所领导的提洛联盟的贸易增长视为对其统治地位的威胁。但是当由斯巴达人领导的伯罗奔尼撒联盟的成员意识到其经济受到威胁时，开始对提洛联盟成员的贸易设置障碍。这使得雅典考虑对构成竞争的敌对城邦实施封锁。

提洛联盟的一个主要经济和军事竞争对手是伯罗奔尼撒联盟

成员之一的科林斯。这是一个拥有优越地理位置的富裕城市，能够控制一些主要的海上和陆地贸易路线。对于雅典来说，科林斯令人垂涎：这个城市向整个地中海地区出口了许多备受追捧的产品，并在关乎爱奥尼亚海统治地位的西西里市场上挑战了雅典的垄断地位。

随着伯罗奔尼撒战争的发展，雅典在达达尼尔海峡失去了大部分舰队和领土，它再也无法从黑海获得货物，特别是作为食物基础的谷物。斯巴达人充分利用了雅典人食物短缺的局面，最终迫使他们投降。

失败之后，在斯巴达的军事和政治控制下，雅典失去了战前的经济繁荣，更无力恢复这种繁荣；伯罗奔尼撒半岛的其余城邦同样承受了战争所带来的巨大经济代价，希腊人陷入了贫困。值得注意的是，其中一个经济后果是伯罗奔尼撒联盟的许多城市都不得不借钱，特别是向所有希腊人的共同敌人——波斯人借钱，这是令人惊讶的。在某种程度上，波斯人通过经济战意外地战胜了历史上的宿敌。

战争的另一个附带影响是，在先前由雅典船只控制的海域，海盗活动日益频繁，这对日渐衰弱的贸易更为不利。战争造成了大量人口死亡，这对由于缺乏在田间劳作或在海上贸易的人力资源而早已陷入衰退的区域经济产生了负面影响。

俾斯麦体系

1871 年，德国在普法战争中击败了法国，巩固了德国的统一并组建了以威廉一世为皇帝的德意志帝国。《法兰克福和平条约》规定，除了将两个富饶的省份——阿尔萨斯和洛林割让给德国外，法国还得向德国支付巨额的战争赔款（后来，德国在“一战”中战败，也被迫割地和赔款，这引起了强烈的报复情绪，为下一次世界大战埋下了伏笔）。法国陷入了对和平的渴望和全面的政治崩溃，而俾斯麦恰好利用了这一点。这位德国首相意识到法国人对和平的渴望，通过所谓的“俾斯麦体系”，到“一战”爆发前削弱了法国 23 年。其目标是孤立法国并防止其重新武装，同时通过适当战争手段维持德国在欧洲大陆的霸权地位。1873 年到 1877 年，为了建立外交同盟，俾斯麦投入了大量的政治力量，以确保法国的共和政权战胜保皇党。准确地说，俾斯麦的目标是推翻法国总统帕特里克·德·麦克马洪和他的保皇党盟友。为此，俾斯麦在法国的邻国西班牙、比利时和意大利建立了一条自由和反教权政府的警戒线，目的是支持法国共和主义者击败麦克马洪的保皇党。事实上，俾斯麦毫不费力地使法国于 1877 年变成了一个共和国。俾斯麦的遏制政策是相当务实的，根据自己的利益来制造和取消共和政府，但是这引起了一些欧洲国家的极大疑虑，它们对德国的霸权主义愿望颇为担心。

1871 年到 1878 年，德国通过三皇联盟与奥地利和沙皇俄国结盟，三国相互承诺在遭受第三国侵略时进行共同防御，而在德国侵略第三国时，共同提供军事支持。而奥地利和俄国两国之间，只互相承诺共同防御外来侵略。这个联盟通过柏林会议于 1878 年最终解决了奥地利和俄国之间在巴尔干半岛的领土争端。后来，意大利也加入了这个联盟。德国、奥地利、俄国和意大利之间的第二个联盟持续到了 1887 年。当时，为了遏制俄国在奥斯曼帝国的扩张，英国也加入了这个联盟，并于 1890 年签署了《地中海协定》。在这一年，威廉一世的继任者——威廉二世皇帝将俾斯麦解职，并终结了俾斯麦联盟体系，大力推行扩张主义政策，最终引发“一战”。

普罗克拉斯提斯之床

希腊神话里有这样一个故事：在一个偏远地区，有一个叫普罗克拉斯提斯的旅店老板，为过往旅客提供住宿。如果旅客的身体比住宿的铁床短，普罗克拉斯提斯就强行拉长旅客的身体，使之与床一样长；如果旅客的身体比铁床长，普罗克拉斯提斯就将身体长出的部分斩去。这个神话广为流传，经常被用来指那些不能容忍与自己的标准不同的人。一旦他们意识到某人不符合标准，就会采取措施加以“规范”。为了达到这个目的，他们往往不择手段，会使用身体暴力、精神折磨或是社会性的谋杀。

在地缘政治中，一个国家为防止其对手——特别是其邻居在军事、经济、战略等领域脱颖而出，就会出现这种情况。

邻居并不总是宿敌，也不一定是与本国发生过多次武装冲突的入侵者，也许只是经济、宗教、意识形态和地缘政治领域的竞争对手，也许与本国还保持着一定的外交和商业关系，即使这种关系是虚伪且缺乏稳定性的。也许邻居与你参加了同样的政治和军事联盟。换句话说，应用此战略的邻居被视为竞争性“朋友”。希腊和土耳其都是北约和联合国的成员，但是这并不能阻止他们相互怀疑，并时常处于紧张局势。

从 2017 年 6 月初起，沙特阿拉伯对卡塔尔渐生敌意，而之前两国关系非常友好。两国具有相当多的共同点，本应继续保持友好关系，但是卡塔尔似乎犯了一个不可原谅的错误，那就是不愿屈从于地区强国沙特的主张。沙特人指责卡塔尔支持该地区的极端主义团体（如基地组织和伊斯兰国）。但是在沙特的指责背后，除了所涉及的经济利益纠纷之外，也有争夺逊尼派伊斯兰世界的最高宗教权力的原因。

此外，沙特阿拉伯凭借自身强大的优势挑战邻国卡塔尔，沙特拥有约 3000 万人口和近 50 万人的军队；而卡塔尔仅有 200 万人口和 1.1 万名士兵。很明显，沙特有足够的能力击败卡塔尔。

邻国的这种敌对中夹杂着宗教、经济和地缘政治因素，还有其他外部利益的刺激，这使得该地区的局势极不稳定，无法实现持久的和平。

几个世纪以来，一些国家一直试图保持对邻国的相对优势，以避免邻国对自己构成军事或经济威胁。有时，也试图让邻国变为自己产品的重要市场，所以它们也希望邻国稳定一些。但是当邻国构成威胁时，对其采取的首要措施则是使其内部不稳定，包括扶植或煽动其内部的反动组织。紧张局势加剧，通常会引起不同程度的武装冲突。

在当今世界，相隔万里的国家也犹如近邻，国家之间的竞争范围早已扩展到全球。削弱邻国的手段多种多样：经济手段、政治手段、外交手段和军事手段。但是，每一种手段的使用都要服从于自身利益，要保持对其他国家的相对优势，所以使邻居相对弱势是维持现状的一种形式。

5. 伪装和隐瞒

评判事物时，人们往往不是根据它的本质，而是根据它的表象。

——巴尔塔沙·葛拉西安

“你没有的，就假装有；你有的，就藏起来。”从这个意义上来说，红衣主教儒勒·马札然提供了许多通过假装和隐瞒而使自己获益的例子。西班牙内战时期的政治家佩德罗·赫兰兹曾说：“国际政治一直就像纸牌游戏一样，玩家如果想赢牌，就必须非常小心地藏好手里的牌。”以中立而闻名的瑞士，就用了高超的技巧，把自己打造为全世界的朋友。

欺骗的艺术

在战争中，欺诈总是光荣的。

——马基雅维利

很明显，混淆和伪装使别人无法了解你的真实面目，这是一种地缘政治战略。通过伪装和欺骗，隐藏真实意图并低调发展，当引起别国注意时，自己早已经具有强大实力。

在伪装和隐瞒上，必须是低调行事的老手，才能做到不被人看穿。伊拉斯谟在他的作品《愚人颂》中说：“装作愚蠢是最大的智慧。”确实如此，因为有时候最好显得软弱无力，以免引起敌意或嫉妒。对于国家也是如此，最好隐藏本国所拥有的资源，以防止其他国家意图占有这些资源。通过马基雅维利的一句话“政治是欺骗的艺术”，我们可以得出结论：在地缘政治中，欺骗是最高的艺术。

真相是什么

会卖货的人卖的价更高，不在于东西本身如何，而在于看起来如何。

——巴尔塔沙·葛拉西安

许多国际干预行动都是打着人道主义或生态问题的旗号，甚至是通过制造敌人的方式进行，以隐藏背后的真实意图。美国2003年入侵伊拉克的理由是伊拉克拥有大规模杀伤性武器。这与为阻止对手经济增长或确保自己经济增长，而禁止或限制某些材料的生产甚至是对其实施禁运，以及对可能影响国民经济的产品征税等做法如出一辙。

乔治·W. 布什在《反恐战争宣言》中，创造了所谓的全球共同敌人：国际或全球恐怖主义。这是一个自 2001 年以来一直没有被定义的概念，充满错误和模糊性。综上所述，面对任何国家的干预行为，我们都应该试着认清其背后隐藏的真正动机。在进行经济、军事、生态或人道主义干预之前，人们所宣传的干预目标和理由，有一些符合事实，但大部分都是虚造的。这些干预往往是既定的国家政治、经济和地缘政治目标，而这些目标往往不是高尚的。

6. 突破点

每个民族或国家都有内部弱点，而其对手往往知道如何利用这些弱点削弱其实力甚至是将其踢出局。得到支持和指导的民族主义、分裂主义、社会冲突或颠覆运动，都是阿喀琉斯之踵，可以成为竞争对手的突破点。

中国军事理论家乔良和国际关系学者王湘穗谈到了发现和利用敌人弱点削弱其实力的重要性。通过游击战争、持久战争和网络战争等，可以获得一个突破点。在所有这些方法中，攻击的重心应该是可能给对手造成最大心理冲击的点。

美国利用了西班牙的弱点

每个超级大国都有阿喀琉斯之踵，无论看起来多么强大，终究有弱点。在 1884 年至 1885 年的柏林会议上，欧洲列强瓜分了非洲大陆的殖民地，后来又瓜分了亚洲的殖民地。美国没有参与这两次瓜分，而是将扩张的矛头指向了离它最近的地区——加勒比地区。起初，多任美国总统曾想要购买极具战略价值、农业价值和经济价值的古巴岛，但是西班牙一直拒绝这笔买卖。1868 年革命以后，由于资产阶级的出现和宗主国对古巴的政治和贸易限制，古巴的民族主义情绪开始高涨。古巴爆发了反抗西班牙殖民统治的解放战争。美国的媒体将古巴革命者描绘为自由战士，而西班牙的媒体将美国政府描述为小偷——尽管与古巴没有任何关联，美国却打算吞并这个小岛。

美国声称为了保护岛上美国居民的利益（这其实只是干预的借口），于 1898 年 1 月向古巴派遣了“缅因号”战舰。同年 2 月，该战舰在哈瓦那沉没，引发了美西战争，战争的结果是美国获得胜利，西班牙帝国走向没落。西班牙在所谓的“1898 年灾难”中丧失了古巴、波多黎各和菲律宾等殖民地。那时，在伊莎贝尔二世的统治结束后，西班牙遭遇了政治和金融危机。美国则利用古巴的民族主义情绪削弱西班牙，以便在岛上施加影响。

脆弱的地缘政治重心

布热津斯基认为，即便是最强大的国家，也有一个非常重要和必不可少的重心，或者说有一个痛点，一旦受到干扰，就会完全失去稳定性。美国的全球地位直接取决于它能否在欧亚大陆保持优势地位。其观点是欧亚大陆不仅是地球上最大的大陆，也是美国的地缘政治轴心。简而言之，欧亚大陆将是全世界真正的重心，所有超级大国都在不知疲倦地为其而战斗。

布热津斯基的说法与英国地缘政治家哈罗德·麦金德众所周知的

理论非常接近，后者把中亚称为“世界岛”，认为“谁统治了东欧谁就可以控制中心地带；谁统治了中心地带谁就能控制‘世界岛’；谁统治了‘世界岛’谁就能控制世界”。

在这种脆弱的地缘政治愿景中，富勒回忆说，由于日本的大部分原材料和谷物都需要经日本海和黄海从中国东北和朝鲜半岛运来，所以商船是日本的战略重心。没有商船，日本的生存将受到威胁，这成了它的“痛点”。

谁都有弱点。避免被对手利用弱点的主要方式是确定弱点所在，并清楚其脆弱性。然后，就要隐藏弱点并尽可能地保护它。

7. 促进分裂

善者，敌军人众，能使分离而不相救也，受敌而不相知也。

——孙膑

打破现有的权力结构并阻止较小的实体团结起来，这是一种至少可以追溯到罗马帝国的战略。“一战”期间，英国认为阿拉伯的叛乱将击败德国的盟友——奥斯曼帝国。因此，阿拉伯人的起义将使战争有利于与德国作战的英国人。

在“二战”中，丘吉尔竭尽全力让苏联撕毁与希特勒达成的协议，还迫使苏联与德国作战并支持同盟国。在这之前，大英帝国还维持了印度不同民族之间的区域边界，其目的是使各民族之间不断发生领土纠纷和摩擦，以免它们团结起来一起争取独立。在“二战”后，印度取得了独立，但是这些摩擦继续存在，使得英属印度最终分为了6个国家：印度、巴基斯坦、尼泊尔、孟加拉国、不丹和斯里兰卡。

1973 年，由于赎罪日战争（10 月 6 日至 26 日），石油输出国组织的阿拉伯成员国被禁止向美国和荷兰出口石油。同时，其中的一些国家将能源部门国有化。7 年当中，石油价格从每桶 3 美元涨到 35 美元左右。作为世界主要的石油消费国，美国及其主要合作伙伴从那时起，就开始煽动石油输出国组织成员国的分裂，以防止这些成员达成新的协议，从而引起石油价格波动。

在冷战期间，美国外交政策的设计者在多民族社会中看到了一种潜在的工具，可以用来在与美国利益相悖的国家制造不稳定因素。同时，这也是与美国关系良好的国家所具有的弱点，可能被敌国用来在与美国利益相关的区域制造混乱。

同样，正如奥利维尔·昂特莱格所评论的那样，我们可以从英国战略家富勒的著作中得出一个论断：一直以来，英国极力反对由一个大国单独主导欧洲。英国的想法不是完全消灭对手，而是削弱对手的实力，使欧洲大陆保持平衡。

分裂的阿拉伯人

英国利用阿拉伯人对土耳其统治的不满，承诺帮助阿拉伯人建立一个从叙利亚到红海和波斯湾、从大马士革到麦加的阿拉伯国家，以换取阿拉伯人帮助英国击败奥斯曼帝国。侯赛因于 1916 年 6 月向土耳其人宣战，5 个月后宣布自己为阿拉伯国王。

美国总统伍德罗·威尔逊于 1918 年 1 月 8 日提出了十四点原则，作为协约国与同盟国之间和平谈判的基础。其中第十二点指出，阿拉伯人以及之前受奥斯曼帝国统治的其他民族“拥有无可置疑的主权及绝对不受干扰的自主发展机会”。

然而，当英国任命的叙利亚国王——埃米尔·费萨尔，在 1919 年

1月的巴黎和会最高委员会上提出阿拉伯独立的论点时，他的讲话备受冷落。虽然费萨尔认为阿拉伯人曾与奥斯曼帝国全力作战，忠诚地为协约国的事业奋斗，所以有权获得协约国家的支持，但是事实是他的主张与法国希望独霸叙利亚的野心相冲突。

如果考虑到时任英国驻开罗高级专员亨利·麦克马洪爵士曾许诺给侯赛因的大片领土，侯赛因的儿子费萨尔所提出的主张是非常合适的，因为他要求大叙利亚以及希贾兹的阿拉伯各国立即完全独立。这里的大叙利亚包括目前的叙利亚、黎巴嫩、约旦、以色列和巴勒斯坦权力机构。作为交换，费萨尔将接受外国在巴勒斯坦的调解，并接受英国控制美索不达米亚的主张。

结果是费萨尔的叙利亚王国只短暂地存在了一段时间。而侯赛因保留了他与麦克马洪所有的来往信件，他知道英国违背了对他的承诺。这些信件可以说明：英国需要有一个穆斯林盟友来对抗奥斯曼帝国，并说服侯赛因发动阿拉伯人反抗奥斯曼帝国，以此作为实现独立的一种方式。侯赛因和阿拉伯民族主义者当时认为有了英国人的承诺，欧洲人不会控制该地区。但是糟糕的是，在与侯赛因谈判的同时，英国还与阿卜杜拉·阿齐兹·伊本·沙特（又称伊本·沙特）领导的中部阿拉伯君主国签署了一项条约，英国同意每月向其支付相当可观的一笔经费。经过多年征战，在付出了近50万人的伤亡和上百万人流离失所的代价后，伊本·沙特夺取了麦加和麦地那，并于1932年最终建立了现在的沙特阿拉伯。后来，英国人曾策划阻止沙特人统一整个阿拉伯半岛，以便尽可能地将印度洋与波斯湾隔离开来。这一切就像是一场闹剧。英国的唯一目的是直接控制一些有利可图的石油和天然气产地。

自封的伊斯兰国于2014年6月宣布自己的首领为哈里发，并希望终结《赛克斯—皮科协定》[①]划分的中东格局并再次建立伟大的阿拉伯国家。当然，英国、法国和美国都不会允许其这样做。

与英国和法国在“一战”期间对阿拉伯人的鬼蜮伎俩相类似，1920 年 4 月，战胜国法国、英国和意大利在圣雷莫达成了协议。根据该协议，这些国家不仅瓜分了战败国奥斯曼帝国的领土，还将安纳托利亚东部划给了亚美尼亚人和库尔德人。该条约为库尔德人提供了位于亚美尼亚南部边界迪亚巴克尔市附近的领土。最重要的是，根据该条约，库尔德人也有权脱离奥斯曼帝国，建立一个独立的国家。当穆斯塔法·凯末尔·阿塔土克在 1923 年被任命为土耳其共和国第一任总统时，库尔德民族独立的希望日渐渺茫。凯末尔下达的第一批命令当中就有关于取消库尔德人上述权利的内容，而曾经作出承诺的欧洲列强则袖手旁观。

分裂的利比亚

布拉德·霍夫写过一篇文章，主要描写了在 2016 年美国总统大选期间，希拉里·克林顿的数千封电子邮件被泄露给新闻界的事情。在文中，他解释了美国 2011 年袭击利比亚的原因。霍夫强调，西方国家为叛乱活动提供支持，就像它们在中东其他地方所做的那样，其中一些叛乱涉嫌与基地组织有联系。就利比亚而言，来自英国、法国和埃及的特种作战部队在利比亚和埃及边境训练民兵。这种训练在 2011 年 2 月最初的公众抗议发生前不到一个月就开始了。因此，民众起义

① 《赛克斯—皮科协定》是英国和法国于 1916 年 5 月 16 日签署的一项秘密协议。该协定事先得到了俄国的同意。目的是在奥斯曼帝国战败后，划分中东地区的势力和控制范围。通过该协定，法国将控制黎巴嫩、叙利亚和伊拉克北部；英国将控制外约旦和伊拉克南部；受到国际共管的巴勒斯坦没有被列入独立的阿拉伯地区。1917 年十月革命之后，由于有关巴勒斯坦的内容不符合其利益，苏维埃俄国退出该协定。该协定在“一战”后得到了国际联盟的认可。

就是由国外势力煽动的。

这些外国特种作战部队向叛乱分子提供了武器和物资，包括大量的 AK-47 步枪和弹药。这与法国《解放报》2011 年收集的消息相吻合：法国对外情报机构——对外安全总局（DGSE）向卡扎菲的反对者提供了大量武器。在这些武器装备中，有机枪、突击步枪、榴弹发射器，甚至还有“米兰”反坦克导弹。这一情况后来被法国武装部队发言人蒂埃里·巴克哈德所证实。

弗朗索瓦·蒂阿尔指出：美国、英国、法国等西方大国以及跨国公司（经济力量），为了最大化地获取利润和控制原材料，已经瓜分了世界。他还在《被瓜分的星球》中说：“瓜分世界是多年累积的结果，大部分的瓜分是在富裕而强大的国家的帮助下所进行的，这些国家这样做是为了确保它们的战略和经济利益。”根据这位法国战略家的说法，从现在起到下一代人长大的时间里，很有可能会有 30 多个新国家以民族或教派的名义诞生。伊拉克、叙利亚和利比亚等国的现状表明蒂阿尔的理论可能是正确的。同样，这也可能发生在一些欧洲国家，因为那里的分离主义势力也越来越强。

卡普兰说，欧洲越团结，与华盛顿的关系就越紧张。目前，唯一能使欧洲成为美国强大竞争对手的办法就是实施真正统一的外交政策，制定强有力的共同安全和国防政策，建立单一军队和统一情报部门，从而创造丘吉尔所渴望的欧洲合众国。最接近这一点的是欧洲宪法的诞生，但是由于法国等少数强国害怕失去特权地位而保持沉默，该宪法从未得到批准。不仅如此，英国脱欧成功，难民问题也日益紧张。这些情况使这个想法越来越像一个乌托邦。从某种意义上说，欧盟更像是从华盛顿搬来的，因为其代表美国的利益要多于代表欧洲公民的利益，然而，正是这些欧洲公民在为欧盟的运转支付经费。

根据卡普兰的说法，美国永远不会允许欧洲真正统一，更不会让欧盟与俄罗斯联合起来，因为这将意味着巨大的地缘政治和经济的威胁。尽管如此，鉴于欧洲一直是白宫的盟友，并且在面临新的挑战的时候，欧洲过于弱小对美国没有什么益处，因此未来将如何发展还有待观察。在一个全球化日益加深的世界当中，从多边的角度来说，美国知道必须与盟国站在一起。欧洲意识到，单个国家在国际社会中没有足够的分量，如果各国想要维护自己的利益，就必须保持团结，而且是越来越团结——至少在理论上应该如此。但是，一个威胁是通常被称为“双速度”的欧洲，也就是说其中一小部分发达的国家追求更紧密的团结，而放任其他欧盟成员落后。如果真是这样，那将是欧洲走向团结的另一个障碍。

如果你无法一次性消灭所有敌人，你将不得不一个接一个地去消灭。为此，最好的办法就是分裂他们。这是适用于诸多方面的普遍法则。当然，它也有效地适用于地缘政治。但是有时候，因为无知，可能适得其反，即让对手团结而不是分裂。古希腊历史学家色诺芬曾警告说：“老板同时对所有下属表示不满是一个很大的错误，因为这将使他们许多人产生恐惧，被迫采取敌意，并且团结起来对抗老板。”这可能发生在现任美国政府身上。

8. 间接统治

统治这个世界的是那些幕后的人物。

——本杰明·迪斯雷利

在阅读《间接统治》时，我们就会想到大国所使用的所有战略伎俩。它们不是通过强加意志的方式捍卫自己的利益，而是通过在文化和经济上间接控制欠发达国家的方式来实现其目的，这种做法被称为“新殖民主义”。

根据历史学家迈克尔·科菲的说法，“二战”期间，苏联外交部长莫洛托夫在美国帮助欧洲复兴的倡议“马歇尔计划”中看到了美国控制欧洲大陆的借口。而事实是，美国的援助对于欧洲重建来说是决定性的，而同时，这也使得欧洲到目前为止一直是美国忠实的盟友。

微妙和不易察觉的间接统治，在国际舞台上发挥着巨大作用。每当直接方法无效时，这种间接战略就会发挥作用。正如布热津斯基所指出的那样，美国的全球体系在很大程度上依赖于它所支持的外国精英间接施加的影响力。美国政府是一位熟练的间接统治者。为了使其能源、政治和战略利益占上风，美国不仅使用了帝国主义的各种典型做法，还采用了一系列不那么直接的战略，从施加经济影响到建立军事或安全存在。

根据洛洛特和蒂阿尔的说法，大国经常使用低强度冲突来加强对较弱国家的控制。通过这种方式，这些冲突与经济和政治控制的其他要素结合在一起。例如，弗里德曼指出，白宫更喜欢阿拉伯地区的石油由沙特王室和其他海湾君主国掌握，因为这些王室和君主国是“孱弱”且不受欢迎的，所以它们将始终依赖美国的支持。

作家阿敏·马卢夫在《凶恶的身份》中说：“许多国家的公民怀疑现代化是由美国所代表的外国文化所植入的特洛伊木马，他们认为全球化是美国化的同义词。”这一观点与社会学家乔治·里泽尔创造的“麦当劳化”一词有关。虽然不是对麦当劳公司的批评，但是里泽尔用这个美国快餐连锁店举例是为了描述现代社会的趋势——随时寻找立即可用的同质化东西。这与间接统治战略非常类似，这种战略将全球化或 21 世纪的社会确定为集体性的麦当劳化。

通过艺术和文化进行间接统治

根据美国经济活动办公室的说法，自 1999 年以来，艺术和文化领域一直保持正增长。艺术和文化领域对美国经济的贡献，每年超过 7000 亿美元，几乎占美国国内生产总值的 4.5%。艺术和文化产品也是美国第二大出口产品。

该领域包含不同的活动分组，例如通信服务、建筑、广告和美术等，其中比较突出的是电影。欧洲视听观察站称，全球电影市场的分布方式使美国产品占据近 70% 的市场份额，而剩余的部分则由欧盟（26.2%）和世界其他地区（3.8%）分享。

电影，这个拥有世界市场并且每年投入数十亿美元制作的行业，不仅仅是为了讲故事。在具有强烈吸引力的虚构故事背后，隐藏着的是美国的价值观。简而言之，隐藏着美国人的生活方式及其对世界的善恶看法：谁是好人，谁是坏人。在冷战电影中，"坏人"是苏联人；现在，坏人是恐怖分子。五角大楼长期以来在美国电影制作中发挥着重要作用。1927 年，由加里·库珀担任小角色的无声电影《翼》，在拍摄时依靠美国军队的帮助，重现了"一战"的空战场景。当美国参加"二战"时，这种合作变得更加紧密，被视为向本国公民宣传的一种形式，以鼓励美国人入伍和支持战争。

合作并没有随战争一起结束。1949 年，五角大楼制定了影视行业与美国武装部队的合作手册。根据协议，如果电影制作符合要求，制片方可以进入军队的军事基地拍摄，也可以使用一些资源（包括坦克、直升机、潜艇、航空母舰等，还可以借用美国军人），这为电影制作者节省了大量资金。但有一个前提，即满足某些要求，包括有助于塑造武装部队的良好形象，有利于“人员招募和挽留”计划等。

2017 年 7 月初，汤姆·塞克和马修·奥尔福德在 Insurge Intelligence 网站上发表了一篇文章，在文章中他们得出的结论是，美国军方、中央情报局和国家安全局在 800 部成功的电影和超过 1000 部电视节目中发挥了影响力。塞克和奥尔福德按照“信息自由法”，调查了超过 4000 页五角大楼和中央情报局的文件。这些文件展示了美国政府如何操纵舆论并阻止制作批判军方或情报机构的电影，以及如何对近年来一些最受欢迎的电影施加影响。为了不损害自身形象，五角大楼通常拒绝为一些电影提供支持或试图改变这些电影的主题，这些电影一般都会涉及诸如军队自杀、越南战争或伊朗门事件等问题。

通过这种方式和审查制度，好莱坞成为美国国家安全体系的宣传工具，美国借助它在社会中培养一种有利于战争的心态，使国民支持政府在国外使用军事力量。很明显，政府想营造一种总体印象：美国士兵总是好的，总是推动“人权”和“民主”。简而言之，他们永远是所有电影里的英雄，或者至少是绝大多数电影里的英雄。毫无疑问，传递这种形象和价值观也是一种间接统治的方式。

间接统治的另一种形式是制造恐惧感。具体是指在人群中灌输一些可能隐藏在他们身上的威胁，虽然威胁可能是真实的，但是被放大到了使人们自愿服从操纵并成为傀儡的程度。这种战略的完美执行使人们接受被指挥、被操纵的状态，而且一旦确信危险即将来临，人们甚至会坚持不懈地要求被指挥、被操纵。

菲利普·津巴多坚信恐惧是国家操纵公民的最佳心理武器，公民宁愿牺牲自己的自由来换取他们无所不能的政府所承诺的安全。根据这位社会心理学家的说法，小布什政府在“9·11”事件后宣布对恐怖主义开战，就是发现恐怖主义是对国家的主要威胁，必须用一切必要的手段来消灭恐怖主义。菲利普·津巴多认为，为了给侵略活动寻求民众和军事支持，一些西方国家使用了这个策略。

世界性压力集团——索罗斯

2016年8月15日，黑客网站DC Leaks公布了2576份来自乔治·索罗斯创建和资助的开放社会基金会的内部文件，全球性集团如何通过媒体影响世界各地的公众舆论，随即成为人们关注的焦点。索罗斯因为在1992年搞垮英格兰银行而发家，并且他控制着一个覆盖全球40个国家的全球非政府组织网络。泄露的大量内部信息表明，索罗斯和他的团队在2014年乌克兰政府有争议的变革之前、期间和之后通过开放社会基金会进行了干预，而非政府组织——乌克兰国际文艺复兴基金会也是由索罗斯创建的。

DC Leaks公布的文件披露：为了推翻民主选举产生的乌克兰总统维克托·亚努科维奇，并让反对俄罗斯的新总统佩特罗·波罗申科执政，索罗斯认为有必要在欧洲，特别是在与俄罗斯具有紧密的文化和宗教联系的希腊削弱“对俄罗斯的理解”。为此，必须特别努力推动在反对俄罗斯的同时支持乌克兰新政府的舆论。为了实现这一目标，有人提议在希腊开展针对报纸、广播电台以及社交网络前50位大咖的宣传活动。同时，应该在其他欧洲主要国家推广这场支持乌克兰的宣传战，该战役旨在污蔑俄罗斯对乌克兰问题的立场。首先从抵制与索罗斯支持的意大利“五星运动”、西班牙“我们可以”党和希腊激进左翼联盟等“反建制”政党相悖的行为开始。

泄露的文件中有一份引起了特别关注，它解释了开放社会基金会和乌克兰国际文艺复兴基金会如何操纵欧洲记者报道波罗申科政府和克里姆林宫。其内容分为三个主要部分，根本没有顾及新闻自由的民主原则。例如调查性新闻，选择来自 5 个目标国家（德国、法国、西班牙、意大利和希腊）的记者，并资助他们在乌克兰进行长期调查旅行。不指定他们应该写什么，而是向他们建议一些文章，并对可能适得其反的文章进行否决。

根据网站上提到的内容，生于匈牙利布达佩斯的索罗斯，被认为是在过去 20 年内发生在世界各地的所有革命和政变的设计师和推动者。DC Leaks 认为，索罗斯资助了美国民主党及 2016 年总统大选的民主党候选人希拉里·克林顿，以及世界各地的数百名政客。从 DC Leaks 的门户网站还可以免费访问开放社会基金会的内部相关组织，那里提供索罗斯的工作计划、战略、优先事项和其他活动。至于与希拉里的关系，披露的文件显示，为了影响其他国家，克林顿基金会和开放社会基金会之间存在密切合作。

除了DC Leaks所揭露的问题，索罗斯的形象也是非常有争议的。在各种报道中，人们指责索罗斯不仅资助气候变化理论的倡导者，还资助世界各地的许多激进活动。目前，由于意识形态差异，匈牙利维克托·奥尔班政府与索罗斯之间存在着一场特别的斗争，奥尔班指责索罗斯资助的布达佩斯中欧大学已经成了匈牙利支持移民力量和支持自由派非政府组织的大本营。

干预选举进程

2016 年 12 月下旬，当俄罗斯情报部门在美国总统选举中所谓的干涉成为头版新闻时，记者肖恩·迪克森·卡瓦纳夫发表了一篇关于卡内基梅隆大学政治与战略研究所政治分析家多夫·莱文的研究文章，该研究揭露了美国试图影响其他国家的选举。在查询了许多消息来源，包括解密的美国情报文件、前中央情报局特工的回忆录、国会对情报服务活动的报告以及冷战时期的外交档案和学术研究之后，莱文得出结论：从1946年至2000年，美国秘密干涉了45个国家的81次选举，从20世纪50年代的菲律宾到20世纪90年代的尼加拉瓜，当时的美国中央情报局甚至还通过泄露信息破坏古巴桑蒂诺主义者的形象。这还没有包括反对华盛顿利益的候选人当选时美国所采取和支持的政变活动。

美国所采取的行动根据具体情况不同而多种多样，包括鼓动宣传、支持喜欢的政党和候选人等。虽然这些干涉外国选举过程的活动大部分都是在冷战背景下发生的，都是为了抵消苏联对左翼政党的影响，但是莱文声称，1991年之后，当铁幕拉起时，美国仍继续干预外国的选举，包括1996年的俄罗斯选举。

最后一个已知案例发生在2017年5月初，即法国第二轮总统选举前不久，当时自由候选人埃马纽埃尔·马克龙的数万封个人和工作电子邮件被泄露给社交网络，据称这些邮件是几周前被盗的。显然，这种泄露是为了中伤马克龙，以有利于他的对手——极右翼的玛丽娜·勒庞。根据某些分析人士的说法，马克龙是法国左翼力量的候选人，得到了共济会和犹太复国主义的支持，还可能得到了大多数欧洲媒体和欧盟机构的支持。一些人认为，这种被称为“MacronLeaks”的操作，受到了俄罗斯的操纵，而另外一些人认为这可能是一种“冒充敌方”的操作，使其他人将操作归咎于第三方，恰恰是为了诋毁勒庞，同时也是对公开支持勒庞的俄罗斯的诋毁。[①] 与2016年美国大选

① 同样的是，奥巴马曾表示支持马克龙。欧洲媒体认为，这位美国前总统对法国政治家马克龙的支持是鼓舞人心的。

期间发生的情况不同，当时泄露的候选人希拉里的电子邮件都是真的，而根据研究人员的说法，所泄露的马克龙的电子邮件有真有假。

民主的幌子

美国最具争议的组织之一是美国国家民主捐赠基金会（缩写为 NED）。该基金会创建于罗纳德·里根担任总统的 1983 年。从那时起，该基金会一直致力于在世界范围内“促进民主”。

在冷战背景下，美国资助了一系列通过各种组织推动苏联尊重人权和政治多元化的活动，苏联领导人将这些活动视为具有明显颠覆企图的行为，认为这些活动是为了颠覆其支持下的社会主义国家的现有秩序。在其成立的最初几年里，美国国家民主捐赠基金会将其工作重点放在东欧国家，特别是波兰。其中最重要的活动包括赞助爱沙尼亚良心囚犯帮助中心（1986 年）；为美国—立陶宛协会和乌克兰人权协会提供资金（1988 年）。在 1989 年乔治·H. W. 布什当选美国总统后，美国国家民主捐赠基金会开始资助其他机构，如亚美尼亚民族自决党。

除了华盛顿和莫斯科之间的竞争之外，美国国家民主捐赠基金会也从未停止对美洲大陆政治形势的关注。因此，在 1984 年，该基金会资助了巴拿马的一位总统候选人，这位候选人是诺列加将军的支持者，因此受到中央情报局的青睐。6 年后的 1990 年，该基金会又完全赞助了右翼代表马克·巴赞竞选海地总统的活动。20 世纪 90 年代初期的几年里，为反对菲德尔·卡斯特罗，该基金会又为古巴裔美国人国家基金会捐款。自乌戈·查韦斯担任总统以来，委内瑞拉政府一直在谴责美国国家民主捐赠基金会通过资助反对查韦斯主义团体干涉该国政治。

为了在其他国家履行其使命，美国国家民主捐赠基金会通过其资助的各个机构展开行动，例如“自由之家”“美国国际事务民主协会”和“美国国际共和研究所”。“自由之家”主要由美国政府资助，旨在“促进民主、人权和政治自由”。该机构成立于1972年，总部设在华盛顿，在10多个国家设有代表处，每年都发布有关全世界范围内政治自由状况和新闻自由状况以及民主治理的年度报告。在这些年度报告中排名较低的国家会遭受重大声誉损失，这可能意味着由于面临着不稳定的威胁而导致国际资金被撤回或投资者外逃。

“美国国际事务民主协会”也和美国国家民主捐赠基金会一样，成立于1983年，因其与美国民主党有关，所以得到政府资助。与“自由之家”类似，该组织通过其位于华盛顿的总部指导遍布70多个国家的办事处，并与“倾向自由和进步意识形态”的国家和国际组织保持联系。另外，美国共和党也有另一个隶属于美国国家民主捐赠基金会的组织，即“美国国际共和研究所”。该组织侧重与持保守意识形态的组织发展关系，并与美国国家民主捐赠基金会分享资料和信息。此外，还有另外两个由美国国家民主捐赠基金会资助的组织：国际私人企业中心和美国国际劳工团结中心。

美国国家民主捐赠基金会的批评者声称，虽然它是一个私立机构，但是其大部分收入来自美国国会，这说明它只是美国政府的一个工具，为实现美国的政治目的和维护其国家利益服务。可以毫不犹豫地说，自成立以来，该基金会及其资助的组织，一直通过向媒体、政党、工会和反对执政政府的各种民间组织提供支持，在不符合美国政府政治取向的国家内制造不和谐和分歧。实际上，美国国家民主捐赠基金会与中央情报局做着同样的事情，尽管其方式更加透明。

一般情况下，应该尽可能避免直接对抗，这样会产生更大的影响。卡斯蒂利亚（西班牙古国）有谚语说“苦干不如巧干”，这当然是正确的，不过还有一句谚语说“诡计终归不是力量”。

这就是大国的做法，无论其军事力量多么强大，都不如使用其他形式的统治手段更有利可图，因为这样被统治者不易产生对统治者的怀疑和反感。

9．曲解法律，抹黑敌人

永远以公正为名、以法律为掩护的暴政，是最残酷的暴政。

——孟德斯鸠

19 世纪，普鲁士首相俾斯麦说，尽管利用法律加以伪装，但是所有政府都是纯粹地根据自己的利益决定自己的行为。1975 年，澳大利亚的两位教授约翰·卡尔森和内维尔·约曼斯使用了“法律战争”（lawfare）这一术语，意思是将武器战争转变为文字战争。这个词汇在 2001 年由查尔斯·J. 邓拉普撰写的一篇文章而引起关注。在文章中，邓拉普将“法律战争”定义为将法律用作战争的武器。虽然这位美国司法部门的将军，专注于研究阿富汗塔利班的国际合法性，但是他将几个世纪以来交战各方一致使用甚至滥用的概念重新公布于众。几个世纪以来这个概念被用于决定哪些战争从宗教、道德和法律的角度来看是正义的。

乔良和王湘穗引入了一个他们称之为“国际法之战”的新概念，他们认为，这个概念就是指抓住机会，创造有利于自身利益的新法规。

进化和应用

疯狂的毁灭不论是以集权主义的名义造成，或以自由民主的名义造成，对于死者、孤儿和无家可归者有什么分别？

——圣雄甘地

2011 年，北约在联合国的授权下对利比亚进行军事干预，联合国做出授权是因为面对发生的针对班加西平民的袭击，援引了“保护责任”原则。但是，这项旨在保护平民的任务，最终演变成支持利比亚反政府武装，推翻该国政府的过程。确实，卡扎菲政权犯下了罪行并侵犯了该国公民的人权，但是北约的行动却是为了石油利益。这个北非国家是非洲的第三大产油国，在战前每天生产近 160 万桶石油，占世界石油总产量的 2%，仅次于尼日利亚和安哥拉，欧洲石油公司也在这个国家有相关利益。

为什么干涉某些国家的冲突而不干涉其他国家的冲突？为什么法国在非洲一些国家的势力范围内部署了部队，并敦促欧盟也部署部队？是什么使军事干预合法化？“9・11”事件后，小布什所宣布的反恐战争，依靠国际社会接受的原则及国家或国际法律，实现了美国的地缘政治和地缘经济目的。这正是国家用来保护自己合法性的“法律战争”战略，这种战略使得国家可以钻法律的空子，使其行为合法化。特别是自 17 世纪以来，一些国家将自卫、自我保护和必要性作为对另一国开战的正当理由。在 21 世纪出现了一个新的理由——保护的责任。

乍一看似乎没有什么可以质疑的，因为其逻辑是帮助那些遭受统治者迫害的人。但问题在于，这些国家援引的原则没有明确定义，因此可以自由地解释该原则。当一个国家将主权、不干涉内政、人权等概念当作借口，对另一个国家进行军事干预时，这种情况经常发生。基辛格认为从这个意义上说，当民主、人权和国际法等概念被交战各方用作战斗口号时就有了不同的解释。

探寻冲突的正当性和合法性并不是新鲜事。如果冲突和战争与人类的历史一样古老，那么解释和证明冲突和战争的想法也是如此。古罗马著名政治家西塞罗认为，战争的合法性取决于道德概念，道德概念成了“正义战争”思想的萌芽。“正义战争”的理论诞生于中世纪时期，出自基督教思想家奥古斯丁·德伊波那、托马斯·德·阿基诺、弗朗西斯科·德·维多利亚、弗朗西斯科·苏亚雷斯和乌戈·格罗提乌斯等人之手。这些人一直想将合法宣布战争（战争权）和合法开展战争（战争中的权力）的标准具体化，并确定战争中的限制。在19世纪和20世纪，在国际法的框架下以及在联合国的模式下，使用武力的合法性最终变得正当。

随着国家概念的出现，道德原则让位于主权，这反过来又产生了两个原则：国家独立和不干涉别国内政的原则。根据正义战争理论，进行人道主义干预时，可以打破这些原则，以履行保护其他国家人民免受本国政府侵犯的义务。从历史上看，这些干预措施往往用于在国外保护本国公民。19世纪，国际社会承认国家主权的一个先决条件是：国家有能力保障内部秩序及保护在国外公民的生命和财产安全。1813年至1927年间，美国为保护在国外的本国公民，至少动用军队70次。

人道主义干预与主权责任的概念密切相关。如果一个国家不能或不愿意保护自己的人民，或者这个国家本身就曾大规模、系统地使用暴力来侵犯人权，那么按照联合国框架内的保护责任原则，就可以对这些国家实施合法干预以保护其国民。

到目前为止，一切似乎都是合理的。但是如果联合国有义务维护国际和平与安全——更具体地说，假如由联合国安理会负责确定什么会对国际和平与安全构成威胁，那么应当如何客观地制定一项原则，如保护责任原则？对该学说的主要批评是应用时做不到客观。拥有否决权的联合国安理会五个常任理事国负责决定捍卫其他国家人权的地点和方式，但是这不可避免地取决于它们自身的地缘政治和经济利益。这就是法律战争战略发挥作用的地方。除了联合国安全理事会组成的特殊性之外，援引保护责任原则也会造成严重危险，因为以伟大原则的名义进行干预而损害其他国家的利益，是历史上最为武断的做法之一。

根据 10 票赞成、5 票弃权（常任理事国中的俄罗斯和中国投了弃权票）而通过的安理会第 1973 号决议，利比亚是第一个被使用了保护责任的国家。但是对这一决议的不同理解也导致了对这一原则的质疑。2017 年 6 月初，在马德里的西班牙外交学院举行的一次会议上，国际法院 15 位法官之一——摩洛哥法官穆罕默德·本努纳表示："当 2011 年我们以保护该国国民的名义杀死了卡扎菲时，保护责任的概念就消亡了。"

那么叙利亚呢？为什么在叙利亚没有运用保护责任？因为这是一场不同的冲突：不仅涌向欧洲的难民浪潮证明平民并没有得到保护，而且城市、医院和难民营还遭受了系统性的攻击。各个大国在叙利亚存在利益冲突。在叙利亚，保护责任显然不是客观地用来保护平民基本人权免受侵犯的工具。看看各国在叙利亚的利益冲突：其一，俄罗斯在叙利亚不仅有巨大的经济利益，还有强大的地缘政治利益。另外，叙利亚的塔尔图斯海军基地还是俄罗斯在地中海唯一的港口。为了保持自冷战时期起就存在的影响力，俄罗斯不希望叙利亚被美国和欧洲掌控。其二，伊朗认为叙利亚领导人巴沙尔·阿萨德是其在该地区的重要盟友。这不仅是因为两国都是什叶派政府（与伊斯兰教逊尼派相对立的教派），而且还因为叙利亚是伊朗在该地区唯一的阿拉伯盟友。与叙利亚保持良好关系能够使伊朗与黎巴嫩真主党保持联系，进而通过真主党威胁以色列。其三，受到传统盟国和其他阿拉伯国家支持的美国，以阻止伊斯兰国发展的理由盘踞中东。其四，中东地区这个舞台，还涉及其他“演员”的利益，如土耳其和以色列。当奥斯曼帝国在“一战”中战败后，法国和英国在该地区“建立”了许多国家，也有很多相关利益。毋庸置疑，虽然各方都说他们正在打击恐怖主义团体，但是他们都没有做的一件事就是保护平民。

还有一个例子，就是长期处于内战状态的也门。自 2015 年 3 月爆发冲突以来，该国出现了严重的人道主义危机和大规模饥荒，造成数以千计的平民伤亡，这引起了联合国人道主义事务协调办公室的极大关注。该地区的其他利益相关国家也参与了这场冲突，如沙特阿拉伯（逊尼派）领导了多国联军打击也门胡塞反政府武装（什叶派）。也门是一个有趣的案例，因为胡塞反政府武装可以趁机控制曼德海峡，而每天有 380 万桶石油要经过此海峡运输。此外，考虑到索马里当前微妙的局势，如果也门彻底动摇并落入恐怖组织或海盗之手，将对苏伊士运河往来的交通造成严重损害，最终会阻碍世界经济发展。

根据全球保护责任中心的说法，在叙利亚、苏丹、伊拉克、也门和厄立特里亚正在发生大规模犯罪，需要采取紧急行动。在南苏丹，局势也十分危急，如果不采取措施加以制止，将发生大规模杀戮和暴行。但是这些情况可能不会在媒体上出现，也不会促使联合国安理会援引保护责任。

该规则缺乏明确性，而且其在利比亚的滥用会对该规则造成破坏，因为各国完全按照自己的意愿将该规则运用于冲突中，以捍卫自己的立场。该规则本应该是与维护人类安全这一神圣责任相关的不可动摇的重要原则，却由于援引的国家不同，而具有了双重标准，完全变成了保护国家利益的一种战略。

战争一旦爆发，法律就会退居次席

在战争中，任何一方都不能被宣布为不义，因为战争的结局决定了正义是在哪一方。

——伊曼努尔·康德

一旦敌对行动开始，各国就只有一个目标——赢得战争。历史经验表明，胜利者将是书写历史的人，所以我们看到的历史总是有利于胜利者的。因此，他们会毫不犹豫地采取他们认为有效的任何方法，即使采取这些方法会违反他们曾签署和批准过的国际法律，包括武装冲突法律（如日内瓦和海牙的法律）和经济领域的其他法规等。

有必要回顾一下罗马军事家和政治家盖乌斯·马略所说过的话。他因将公民身份授予为其在高卢作战的雇佣兵而备受指责，对此，他说："由于战争的噪音，我听不到法律。"

识破国际法的骗局

法律是蜘蛛网，大苍蝇触犯法律，没事；小苍蝇触犯法律，却会被法律之网逮住。

——奥诺雷·德·巴尔扎克

2016年10月底，冈比亚宣布退出国际刑事法院。这是在一周内第三个宣布退出设在海牙的国际法庭的非洲国家。另外两个国家是南非[①]和布隆迪。这三个国家的决定基于同样的理由：国际刑事法院的工作重点是追捕非洲人，至少是优先考虑追捕非洲人。这些国家将其描述为一个国际高加索法院，并指责该法院是为新殖民主义的利益服务。冈比亚新闻部长博江发表激进言辞称："自国际刑事法院成立以来，至少有30个西方国家犯下了战争罪。"

事实是，根据联合国的倡议，随着《罗马规约》的签署，国际刑事法院于2002年7月1日成立。尽管根据2004年1月4日的协议，其工作需要与联合国进行协调，但是作为联合国机构之外的独立司法机构，国际刑事法院的设立在理论上标志着人权保护工作取得了重大进展，该法院负责审判危害人类罪、战争罪、种族灭绝罪等罪行。

有一些人有充足的证据认为，国际刑事法院过分关注非洲事务，而忽视了在世界其他地方所发生的暴行。2009年3月4日，国际刑事法院下令逮捕苏丹总统奥马尔·巴希尔，因为苏丹政府在2003年至2008年期间对达尔富尔地区的平民犯有战争罪和危害人类罪。国际刑事法院下令逮捕的另一位国家元首是利比亚的卡扎菲，案件在2011年卡扎菲去世后终止。刚果民主共和国反政府组织——刚果爱国者联盟前领导人托马斯·卢班加·迪伊洛于2012年7月10日被国际刑事法院判处14年徒刑，其罪名是在2002年至2003年期间，在刚果（金）的伊图里地区征募儿童兵参加战争（国际刑事法院的首项判决）。与卢班加·迪伊洛一起，另一名被监禁在国际刑事法

① 2017年2月22日，南非一家法院宣布因为政府事先未与议会协商，所以其决定违反宪法。当年3月8日，南非撤回了退出国际刑事法院的请求。

院的非洲领导人是查尔斯·泰勒。查尔斯·泰勒曾于1997年至2003年担任利比里亚总统，2012年5月他被联合国特别法庭判处50年徒刑。

问题在于，作为国际刑事法院诞生基础的《罗马规约》尚未得到许多国家的签署或批准，其中包括世界上一些有影响力的大国，如美国、俄罗斯等。对于许多国家来说，大国不愿意服从国际管辖权是法律只对弱者有约束力的另一例证，因为强者永远不会服从于任何国际组织，哪怕他们是这些国际组织的创立者或者重要成员。问题的关键在于，《罗马规约》第126条规定，国际刑事法院只对签署和批准该规约的国家有效，因此该法院对未签署和未批准该规约的国家或其公民都没有管辖权。2016年11月16日，俄罗斯总统普京宣布撤回2000年对《罗马规约》的签署。当然，该规约也从未得到俄罗斯的批准，因此俄罗斯顺理成章地退出了国际刑事法院。俄罗斯宣布撤回对该规约的签署，是因为国际刑事法院的一份公报中将克里米亚视为被俄罗斯占领的领土。

弱者并不缺乏批评强者的理由。2002年8月2日，小布什政府执政期间，美国国会无视国际法，通过了《美国服役人员保护法案》。该法案禁止任何美国机构与国际刑事法院合作。由于这个法案，国际刑事法院无法引渡美国人，国际刑事法院的人员无法在美国境内进行调查，不允许美国向国际刑事法院成员国提供任何军事援助。更糟糕的是，该法案还明确授权美国总统使用一切充分必要的手段，使以国际刑事法院名义或应其要求，而被拘留或监禁的美国公民或盟国公民获得释放。

显然该法案与国际刑事法院的基本原则相悖，也破坏了国际法的根基。在2016年11月中旬，国际刑事法院检察官办公室表示，有充分理由相信，部署在阿富汗的美军可能犯有战争罪，特别是曾对被关押在秘密拘留营中的囚犯实施酷刑和其他虐待行为。正如我们所看到的那样，他们仍然招摇过市，没有受到任何惩罚。西班牙政治家曼努埃尔·弗拉加曾说，“追寻完美的社会秩序，反而使虐待大行其道”。他的这句话用在这里可能是对的。

为什么以色列不归还戈兰高地

由于“六日战争”（1967 年 6 月 5 日至 10 日），以色列从叙利亚夺走了戈兰高地。之后，联合国安全理事会于 1981 年通过第 497 号决议裁定，宣布以色列吞并戈兰高地的行为是无效的，不具有国际法律效力。然而，以色列已经完全忽略联合国，全然不顾国际合法性，一切都是以自己的国家利益为出发点。对以色列来说，戈兰高地战略地位十分重要。首先，这片地广人稀的土地是以色列的主要水源，可以用于建设新的犹太人定居点。而且这个高地可以控制整个以色列北部，因此绝对不会归还给叙利亚。自 1973 年赎罪日战争以来，以色列与叙利亚仍然处于宣战状态。此外，在叙利亚发动攻击时，这个高地可以作为战略纵深地带。以色列担心，如果将戈兰高地归还叙利亚，真主党支持的巴勒斯坦恐怖组织会盘踞于此，更容易对以色列发动袭击。

布什和他的反恐战争

可以诉诸暴力的人，不需要诉诸司法。

——修昔底德

2001 年 9 月 11 日，在恐怖袭击发生几个小时后，时任美国总统乔治·W. 布什在椭圆形办公室向全国发表讲话，宣布将对恐怖主义者及其支持者采取打击行动。根据理查德·A. 克拉克的说法，当演讲结束后，国防部部长拉姆斯菲尔德向布什总统指出，国际法只允许使用武力以防止未来的攻击，而不是作为惩罚手段时，布什总统愤怒地喊道："不，我不在乎国际法怎么说，我要给他们一点颜色看看。"对法律的不屑一顾不只是这些，他还授权中央情报局在全世界各地建立秘密监狱或者在审讯嫌疑人时使用酷刑。正如法里德·扎卡利亚所说的那样，小布什政府多年来一直吹嘘其对国际条约和国际组织的蔑视。

在恐怖主义问题上，美国肆意妄为。美国随意将一些组织和个人列入恐怖分子名单，也随意将一些国家定义为支持恐怖主义的国家。由于缺乏所有国家或国际组织都使用的统一标准，一些组织、个人甚至国家进入了一些名单，而没有进入另一些名单。此外，进入或不进入名单取决于制定名单国家的利益，很显然名单缺乏正当性理由。因此，阿尔巴尼亚族科索沃解放军先后两次被列入和被剔除出名单。古巴也是一样，经过多年的努力，它终于被剔除出名单。事实是，这些名单通常仅用于对目标不同的个人和国家实施制裁，只是充当施压工具。据克拉克说，在两伊战争期间，为了方便伊拉克申请贷款以促进美国政府支持的某些商品的出口，里根政府在 1982 年将伊拉克剔除出支持恐怖主义的国家名单。

根据法国分析家拉彼威尔和蒂阿尔的报告，"9·11"恐怖袭击事件发生后，布什政府在基地组织、哈马斯和真主党等组织明显威胁的基础上建立了全球威胁警报。这种威胁导致五角大楼制定了"全球反应"学说，主要是为了保护美国利益，而不是在反恐方面进行有效的国际合作。以维护国家利益的名义违背国际法，布什政府将

“预防性战争”的概念正式化了，使得自冷战结束以来的国际关系突然变得军事化。记者塞马斯·米尔恩说，在反恐战争的框架下，2003 年英国首相布莱尔保证说，由于美国和英国军队入侵伊拉克而导致的平民死亡人数远少于萨达姆政府统治时期一年的死亡人数。事实是，据国际特赦组织估计，萨达姆时期与政治镇压有关的死亡人数每年数以百计；而在美英入侵后的 5 年内，估计平民死亡人数有 15 万—100 万人。

美国袭击叙利亚

2017 年 4 月，美国总统唐纳德·特朗普决定袭击叙利亚空军基地，理由是在前一天由该基地起飞的飞机对平民投放了沙林毒气，作为美国武装部队最高指挥官，他根据美国宪法第二条授予的权力做出上述决定。

虽然美国宪法规定宣战的权力属于国会，但是行政部门有权力在极端紧急的情况下宣战，这可能是出于国家安全、国家自卫或在国外保护本国公民的原因。从这个意义来说，这并不是美国第一次利用法律，在没有国会具体授权的情况下在国外使用军事力量，因为 2011 年干预利比亚时也这样做过。

在国家安全受到严重、紧急威胁的情况下，即出现问题的时候，需要采取武力行动。实际上，总统的权力比外表看起来要大得多，总统只需要知道如何动员公众舆论，使其成为白宫立即开战行动的理由，就足够了。

此外，总统通常使用的一个论点是，国会的授权不是必需的。因为尽管军事行动的力度可能非常大，但是其实施的时间和空间都非常有限。另外一个允许总统直接下达行动命令的理由是人道主义，如之前所做的那样，说袭击叙利亚是为了防止叙利亚政权继续对其平民使用化学武器。

简而言之，在需要时，美国便能给出充分的理由，使国家参与特定的行动，尽管这些行动与其所宣称的目标没有多大关系。“国家安全”这个含糊不清的词语就像一个大筐，几乎所有符合当下政治利益的东西都可以往里装。

国际法会经常引起争议，这种争议使得其为在国外的军事干预辩护变得更难。从理论上讲，除了自卫情况外，只有在联合国安理会通过决议后，一个国家或国际组织才能在外国土地上进行军事行动；但实际情况是，联合国经常被绕过，如 1999 年北约轰炸贝尔格莱德的行动就是这样的。

自冲突开始以来，至少有 50 万人死于叙利亚，更不用说数百万流离失所者和生活在非人条件下的难民。美国的举动突然间使得死亡的方式似乎比死亡人数更重要了。这一举动背后隐藏着一些虚假的理由，其中夹杂着美国的内部政策和地缘政治警告，很可能针对美国的强大地缘政治竞争对手——中国和俄罗斯，也针对占据了中东大部分地区且与华盛顿的盟友们对抗的伊朗。

值得一提的是 2015 年 11 月 20 日联合国安全理事会通过的第 2249 号决议。根据该决议，考虑到这些恐怖主义组织对国际和平与安全构成前所未有的全球性威胁，各成员国同意协调应对基地组织、“伊斯兰国”及其在叙利亚分支机构的活动，但是在任何情况下都不允许任何国家或国际组织攻击主权国家叙利亚的部队。这是一项含糊不清的决议，因为它没有具体规定对这些恐怖主义组织采取何种合法行动，或者哪些国家或国际组织有权采取这种行动，这很像之前在其他国家发生的情况。

违反国际法的《外层空间条约》

《外层空间条约》（1967年）规定了管辖各国在包括月球和其他天体的外层空间探索活动的原则，也规定了外层空间是全人类的财产。因此，外层空间不能被任何国家占有，也不能以其他任何方式对其宣示主权、使用权或占领权，无论这个国家的科学或经济发展程度如何。相反，为了和平目的，整个国际社会可以对外层空间进行探索和使用。截至2017年9月1日，129个国家签署了这项条约，虽然其中24个国家还没有批准该条约，但是后来又出现了其他协议，如管辖各国在月球和其他天体上活动的《月球协定》（1979年），对未来外层空间的自然资源勘探和开发活动进行了规范。

尽管如此，乔治·W. 布什总统于2007年10月签署了一项命令，规定美国有权拒绝任何可能将太空用于敌对目的的对手进入太空。更糟糕的是，在2016年11月8日奥巴马任期结束时的联合国大会上，美国拒绝制定任何可能限制其使用外层空间的条约或限制性规定。在该届会议期间，就防止外层空间军备竞赛进行辩论时，有4个国家弃权了，其中包括美国。此外，美国还是投票反对不首先在太空放置武器的4个国家之一。尽管有其他国际条约的阻止，美国还是在积极寻求赢得利用小行星的竞赛。2015年11月25日，奥巴马签署了允许在太空天体进行采矿的立法提案，该提案后来得到了国会的批准，这使得美国可以开发小行星为自己谋取利益。这部空间法的官方正式名称是《美国商业空间发射竞争法案》，明确允许美国公民可以为了谋利而开采空间资源，小行星采矿公司有权获得外层空间的财富。

17世纪，雨果·格劳秀斯在荷兰提出了“国际法”概念。根据这个概念，所有主权国家都是平等的，为了维护主权而开战是合理的，但是这种想法实质上是一个乌托邦。根据卡普兰的观点，和平与战争之间的界限经常被混淆，只有符合自身力量和利益时，国际协议才会被维护。爱因斯坦同意这个想法，他在1932年7月底致西格蒙德·弗洛伊德的信中哀叹“法律与强力总是不可避免地如影随形”。

乔良和王湘穗认为，每个国家对国际规则的承认或拒绝通常取决于它们自己的利益。小国希望利用这些规则来保护自己，而大国则希望利用这些规则来控制小国。换句话说，世界上存在两种对国际关系的解释：一种解释是国际关系必须建立在国际合法性的基础上（弱国的看法），另一种是国际关系取决于每个国家的地缘政治权重（强国的看法）。因此，国际法既不受强国尊重，也无法由弱国强制执行。

10．你下去，我上来

“你下去，我上来”这个充满了政治寓意的表达，于1933年在古巴杂志上首次出现之后，便风靡起来。它描绘了该国几届总统的频繁变动，也批评了只担任了一天总统的阿尔贝托·埃雷拉及在民众暴力起义（其中美国驻哈瓦那大使馆的干预对结局起了决定性作用）后上台的卡洛斯·曼努埃尔·德·塞斯佩德斯，还批评了富尔亨西奥·巴蒂斯塔领导的军事政变。这种动荡在拉蒙·格劳·圣马丁掌权时才结束。可见，为取得政治权力和为保持政治权力而斗争是一项没有尽头的工程。

这个表达言简意赅，没有比它更好的短语了，它准确地定义了对权力的争夺。总是会有这样或那样的人，无论其意识形态如何，总想掌控社会；也有人或团体总是试图把处于权力顶峰的人拉下来。无论是在个人关系领域还是国家关系领域，我们都可以看到这种情况。

“你下去，我上来”是一些国家的政治家惯用的伎俩，他们有时甚至以理想的名义或者怀揣对美好未来的憧憬而犯下暴力罪行。唯一的输家是人民，他们被操纵、被欺骗、被利用。公民不会知道为了争夺权力，在最高层真正发生了什么。如果公民最终了解了真相，会对政治家的阴谋诡计感到震惊，因为这些政治家本应该专注于人民的福祉。一旦建立了官僚机构，官僚机构就凌驾于赋予其生命的人民之上，而且会在那些傻傻地以为官僚机构会使生活更舒适的人们身上滥用权力。

桌上的拳头

法国作家阿敏·马卢夫在《世界的不协调》中说，当你的权力脱手时，对手的自发性反应是压制你和攻击你，而不是感谢你。出于这个原因，霸权国家必须不时地发动打击并展示其权力，以免想要占据其位置的国家过于自信地发动进攻。这就是被俗称为“把拳头放在桌子上的做法”，是一种警告蠢蠢欲动、想要夺取权力的人的方式。

革命

如果革命被理解为突然发生的根本性的社会、政治、经济、文化、宗教变革过程，并往往是激烈的、暴力的，那么今天比以往任何时候都更有可能发生新的革命运动，因为今天的世界联系更加紧密，革命运动能够迅速传播到全球或至少传播到其中大部分地区。

马克思关于阶级斗争的理论在富国与穷国的对抗中继续有效。这种情况由于显著的人口差异而得到强化，因为贫穷国家人口不断增长，而富国因为人口出生率低和老龄化严重而备受困扰。除此之外，尽管国家收入水平在提高，但是在欠发达国家中普遍存在明显的不平等。当前发达的网络使边缘化群体看到了其他国家的现实，看到别国居民不用特别努力，却过着富足的生活，由此产生了一种不公正感。在社交网络中，人们展示了生活中最幸福时刻的图像，给旁观者创造了一种幻觉，即这种福祉是伟大的、容易实现的。从逻辑上讲，这种感知促使人们渴望达到同样的生活水平，有时这种渴望甚至是不可抑制的。

这些情况引发了不同的情绪。一方面是对这些更先进社会的渴望，另一方面是一种被边缘化的感受和挫败感。大规模的移民运动已经把这种渴望变成了事实，但是大规模的暴力对抗和全球范围内的新阶级斗争也可以使一切被打回原形。这可能是一场以大城市为中心的国际性动荡，之所以会发生在大城市，是因为在那里集中了世界上的大多数人口。“国际大都市动荡”的概念既有趣又令人担忧。一切都表明，下一次巨大的全球动荡，将把城市作为一个战场。动荡越大，解决起来就越复杂，居民就越痛苦。

伊斯兰地缘政治

在伊斯兰教中，宗教与政治之间存在着密切的关系，这种关系影响着个人生活和社会生活的方方面面。记者何塞·哈维尔·埃斯帕扎认为伊斯兰教是一种宗教信仰，也是统一这种信仰周围一切的政治形式。这种意识形态能够吸引并迎合最弱势的群体，正如在非洲和美洲各地所发生的那样。历史学家丹尼尔·马西亚斯·费尔南德斯指出，伊斯兰教是为反对在伊斯兰世界中建立的殖民大国而诞生的，所以今天它可以被用作反对西方国家的权力和影响力的机制。

西格蒙德·弗洛伊德在《一种幻想的未来》中写道："如果我们试图消除欧洲文化的宗教，只能通过另一种学说体系来实现。从一开始，这种学说就会具有宗教的所有心理特征及其自身神圣性、刚性和不容忍性，而且为了维持其权威，同样会禁止思考。在这种情况下，只有一种将宗教信仰和政治结合起来的体系才能在欧洲取代宗教（基督教）和政治意识形态（民主），它就是：伊斯兰教。"

根据马西亚斯的说法，这可能就是沙特人的目标：他们实施了历史上最大规模的伊斯兰主义资助活动，将相当一部分的石油收入用于资助世界各地的伊斯兰组织，并将瓦哈比传教士派往全球的各个角落。2016 年 12 月，德国报纸《南德意志报》发表了一份由德国情报部门编写的报告，该报告警告说瓦哈比主义在欧洲和世界其他地区的扩张符合沙特阿拉伯谋划的战略。该战略得到了波斯湾其他国家的支持，其目的是逐步建立新的社会模式。

众所周知，宗教具有神话般的力量。现在想象一下，与宗教相关联的意识形态是基于平等和社会正义原则，具有解放性，令人充满希望。对于某些类型的人来说，宗教的这种吸引力非常强烈，因为他们认为自己在其所生活的社会中被边缘化了，被忽视了。若说"宗教是人民的鸦片"，那么可以更进一步得出结论：宗教和意识形态的混合物是最有效的毒品，使吸食的人不仅没有抵御能力，并且完全受其控制。

无论权力表现为何种形式，它总是被那些未能分享权力的人所渴望。因此，在权力顶端的那个人永远不应该忘记：围在他周围的不是朋友，而是竞争对手，因为永远有人想要取而代之。有时，强者很难完全意识到力量的丧失，因为夺取其权力的一种方法是让他名义上继续挥动着指挥棒，但是他的实际权力已经被削弱或完全剥夺。

11．近水楼台先得月

只要有机会负责分配某些东西，强者会毫不犹豫地把最好的部分留给自己。有时，强者是以神秘莫测的方式做到的；有时，又是以很明显的方式做到的。强国尽可能将这种行为发挥到极致，尤其是利用那些最无助和无知的人，这如同曾在非洲发生过并且仍在发生的那些事情一样。

无知的人无法意识到这种令人愤怒的做法，因为拥有熟练外交手段或高效情报机构的国家知道如何利用这种脆弱性从中渔利，也就是使谈判看起来是建立在互惠互利的基础之上。即使受害国的人民完全了解这种鬼蜮伎俩，也无法摆脱，因为那些强国知道如何压迫甚至贿赂受害国的领导人。

杜兰德线

英国强行划出杜兰德线一事提供了一个典型案例，可以体现强者在谈判时通常如何获得最大利益。英国人于1858年建立了英属印度，而在19世纪末，俄国积极向印度方向扩张，因此，英国人想尽可能在其与俄国之间的空间获得更多土地。为了实现这一目标，他们认为最好的解决方案是建立一个“屏障国家”作为战略缓冲区，就是阿富汗。这样做也能够阻止罗曼诺夫帝国进入梦想的热带海洋——阿拉伯海和印度洋。因此，1893年，英国政府得出结论：需要在英属印度与其西部邻国阿富汗之间建立官方边界。这项任务交给了英属印度外交大臣亨利·莫蒂默·杜兰德爵士。这位爵士要比被谋杀的两位前任幸运得多。

同年11月11日，莫蒂默·杜兰德与阿富汗埃米尔阿卜杜勒·拉赫曼·汗签署了一项协议。这位埃米尔因此被他的臣民指控为伦敦的傀儡。该协议中，英国做出保证，如果阿富汗遭到任何外部敌人的侵略，英属印度将保护阿富汗人及其王国。11月12日，《杜兰德协议》达成，这使得阿富汗获得英属印度的大量援助。但是，从签署的那一刻起，杜兰德线就成了不断冲突的根源。首先，阿富汗失去了50%以上的领土（整个东部，现在是巴基斯坦的西半部），也失去了出海口，变成了内陆国。杜兰德线还制造了人间悲剧：这条线成了一个人为边界，将位于阿富汗中部和东部的普什图人各部落划分在两个国家，使得主要位于南部的俾路支人骨肉分离。这种划分原则漏洞百出，没有考虑到生活在两边的人，而且随着时间的推移，它已变成了一个重大问题，导致矛盾横生，冲突不断。但是对英国人来说，这一结果是积极的，实现了他们的地缘政治目标：由于杜兰德线所提供的战略纵深，俄国人无法靠近有“王冠上的宝石”之称的印度。在这场英国和俄国争夺中亚控制权的“伟大游戏”当中，真正的输家是阿富汗及其人民。

从签署之日起，阿富汗人就不认可这个协议。阿富汗方面的签字人——埃米尔阿卜杜勒·拉赫曼·汗完全不懂莎士比亚的母语，这份只有一页纸的文件是用英文写成的。也有人认为，该条约有两个副本，用阿富汗的普什图语和达利语写成，但人们却从未见过，是否存在仍然是未知数。火上浇油的是，那些相信存在两个副本的人，也认为这两个副本与英语版本在措辞上略有不同。据说协议的期限是100年，所以一旦这个期限结束，从阿富汗分出的土地必须归还给其合法所有者。但是从巴基斯坦的角度来说，这是不可想象的，因为那意味着这个国家将不得不放弃其一半的领土，所以喀布尔任何严肃的行动都会立即被巴基斯坦人视为宣战，也就是说，巴基斯坦具有足够的理由做出军事反应。虽然阿富汗政府在随后的条约中确认了杜兰德线的合法性，但是世界历史的这一页仍然是无法抹去的，因为它很容易产生暴力和人道主义灾难。

美国参加“二战”

在“二战”期间，美国政府坚信其必须为了自己的利益而与德国作战。如果希特勒控制欧洲国家并形成统一的欧洲，甚至占有苏联的自然资源和人力资源（这意味着德国将具备技术和原材料的强大组合），那么他将目光转向美国就只是时间问题了。而且对美国来说，德国不仅会成为经济对手，也将成为军事对手。美国坚信，一旦希特勒主导了欧洲并控制了亚洲和非洲的能源矿产之后，将会从南美开始，一步步蚕食美洲大陆。美国政府绝对不允许这种情况出现。然而，直到欧洲在对抗中被充分削弱的时候，美国才出手进行干预。通过这种方式，美国政府确保欧洲国家不会对其利益构成威胁。相反，欧洲国家别无选择，只能屈服于美国的帮助。

还是一样，强者负责发牌，并且拿到最好的牌。众所周知，大鱼最后吃掉小鱼，或者至少是试图吃掉小鱼。小鱼别无选择，只能培养躲避危险的能力，并且将命运交给运气。

12．别人能为你做的，你就不要自己做

成功永远不要靠自己一个人的 100% 的力量，而要靠 100 个人中每一个人的 1% 的力量。

——让·保罗·盖蒂

历史上一直使用的战略之一，就是让别人为你全力投入做事，永

远不要亲自做其他人可以为你做的事情。特别是涉及不正当行为时，自己亲自行动可能会暴露。你可以通过给予报酬，让其他人为你做事。通过欺骗和诡计来哄骗他们为你做事，将更有效，因为他们不仅不会有丝毫怀疑，甚至会自愿和热情地完成这项工作。

“精致”的行动通过引入行动者，增加作战筹码。红衣主教儒勒・马札然说：“要确保把需要付出巨大努力而又不会收获名利的任务分配给别人。”可以补充的是，即使能够获得名利，也最好还是找别人来做，只有这样才会带来更大的好处。

私掠船的使用

至少从13世纪开始，西方国家在海上间接实施这一战略的方式之一就是使用私掠船。政府向一些水手提供《委托证明》或《委托书》，授权其为了维护本国利益，可以用绑架、抢劫甚至击沉等方式来对抗敌对国的商船。

这只不过是典型的海盗行为——攻击船只并劫持旅客，抢夺货物或强占船只，有时要求勒索赎金，但是这些行为受到所谓的合法性保护。各国在战争时期使用该战略削弱敌人的经济，迫使他们使用海军舰队来保护海上航线。这样可以使各国暂时增强海军能力而不需要任何支出，因为这些私掠船可以通过抢夺来获利。

17世纪和18世纪，私掠船在西方大国的舰队中占很大比例。私掠活动利润丰厚，并得到了当局的批准。每个国家都有明确规则来分配战利品，通常情况下，出售抢来的船只和货物所产生的利润，会在私掠船长和船员及其代表的国家政府之间分配。即便私掠船的船主不是船长，也会分给船主一部分。

在正式规定私掠船行动的文件当中，通常会指出对外国船只的打击行为应该遵守战争的规则。但实际上，各国政府通常不会规范这些私掠船的行动，除非对其有利。私掠船也有一定的优势，那就是被视为军队的一部分。当然，想要对别国私掠船采取行动的国家并不总是承认它们是军队的一部分，因为它们不想与私掠船背后的国家公开宣战。

使用私掠船的国家主要是英国（英国是最善于使用私掠船的国家）、西班牙、法国和荷兰。也有一些拉丁美洲国家使用私掠船，但是所占比例要小得多。最典型的案例是英国私掠船长——弗朗西斯·德雷克。这位探险家和奴隶主，是继英国政治家兼海军上将胡安·塞巴斯蒂安·埃尔卡诺之后的第二个乘船环游世界的航海家。对于多次受到德雷克私掠船袭击的西班牙人来说，他是彻头彻尾的海盗，还领着英国薪水。而英国人则认为他是英雄，英国女王伊丽莎白一世授予他最高荣誉，以表彰他为私掠船事业所做出的重要贡献，并封他为爵士。他曾俘获两艘装满金银的西班牙船只，其中一艘是历史上最值钱的船只。

私掠船的使用在16—18世纪间达到顶峰，一直延续到19世纪。在美国独立战争期间，美国人用私掠船装备了他们的常规海军部队。在18世纪末，法国革命者在大西洋和加勒比海海域使用私掠船封锁美国和英国的航道。在美国南北战争中，北方和南方都通过私掠船行动获益。

为适应当前形势，私掠船的模式与自冷战结束以来激增的私营军事公司无异。政府与私营公司签订合同并授予它们权力，允许它们使用武力为国家谋利。

虚伪旗帜下的行动

事实证明，在人类的所有冲突、战争和对抗中，使用各种各样的战略和手段是司空见惯的。温斯顿·丘吉尔曾说："战争中真理是如此宝贵，以至于要用谎言来捍卫。"在这种斗争和对抗的背景下，国家和政权所使用的资源之一就是执行归咎于第三方的秘密行动。

虚伪旗帜下的行动简称"伪旗行动"，目的是让第三方对实施的行动负责。第三方国家或第三方组织，可以是自己公开的敌人，也可以是自己潜在的对手；或者是未来盟友的竞争对手，或者是能够与敌人相互对抗和消耗的国家或组织。但是，对其的指控可能只是一个借口，甚至是随机选择的理由。

所采取的具体行动各不相同，可能是恐怖主义袭击，也可能是动用军队进行的攻击或破坏行为（制造火灾、破坏物资等）和颠覆行为。这些行动既可以在物理层面上实施，也可以在通信系统和网络空间中进行，涉及政治和军事领域。

上述行动从本质上来说是秘密行动，因此必须由经过训练的人员来执行。这些行动通常由情报部门策划和指导，或至少由其协调。情报部门将使用自己的人员（在专业技术人员支持下的代理人或操作人员）、军队特种部队成员或为此目的而雇用的其他人员。

必须考虑到，情报部门的隐秘性和专业性对实施上述行动非常有利。情报部门以各种方式直接参与行动，是执行行动的中枢机构。有明显的证据表明，情报部门是这些行动的真正推动者。

如果这些行动是以最秘密的形式进行的，那么这些虚伪旗帜下的行动是如何被曝光的呢？事实是，其中许多行动，无论是历史上的还是现在的，都很难被完全曝光。此外，在许多情况下，很难了解这些行动的确切意图，这也就使得曝光这些行动变得更加困难。

然而，其中一些行动被用文字形式记录下来，因为独立记者和研究人员的分析，以及相关文档的解密（有些行动没有被全部曝光，因为相关数据已经被删除）。在某些情况下，这些行动是因其执行者在临终前悔改而曝光的，或是因为敌对情报部门给予了行动执行者更大利益而使其公布这些行动。

这种特殊行动也经常被用来鼓励人们进行战斗，以及在面对敌对行动时获得人民的支持。普鲁士战略家克劳塞维茨指出，为了军事行动的成功，统治者、军队和人民之间坚实且牢不可破的思想和利益共同体是不可或缺的。实现公民动员的最常见方式是对敌人进行妖魔化，完全诋毁敌人，甚至将敌人描绘成没有人类底线的猛兽，以鼓励全国人民满怀仇恨地与敌人作战。而这一切，通常是利用引发公众舆论的谎言来实现。为了实现这些目的，一些国家通常采用信息战、心理战和通过媒体操纵民众。

在战术领域，可以开展类似于伪旗行动的伪作战，由穿着敌人制服的己方军队实施。这种战略通常是为了获取实地信息、了解对手的活动或消灭对手领导人。正如拿破仑警告的那样："在合适的地点派出一名间谍，其效果超过战场上的两万名士兵。"

历史上，伪旗行动的案例比比皆是，然而只有少数行动被人们所知晓。历史上最著名的伪旗行动是公元 64 年尼禄在位期间的罗马大火，这场大火最终被归咎于基督徒。在 20 世纪，有记载的一些伪旗行动，多由日本、德国、英国、土耳其、美国等国的军事或情报部门实施。

现代雇佣兵——私营军事公司

私营军事和保安公司被用来执行一个国家不能或不想直接动用自己的资源去执行的行动。由于冷战结束后军事力量的减少、不对称冲突的增加，以及西方国家因担心造成军人伤亡，拒绝将其部队投入冲突，在过去 20 年中对私营军事公司的使用大幅增加。

目前，私营军事公司不仅常常介入军事冲突，而且其行动范围已经扩展到了其他领域。例如，打击毒品贩运和海盗行为，保护非政府组织和联合国提供的人道主义援助，或者在阿富汗、巴基斯坦和伊拉克打击恐怖主义活动。

这些公司通常属于政治和经济权力集团，或与其联系在一起。它们的注册地址通常在避税天堂，并经常更换注册地址以逃避监管。这些公司每年有数百亿美元的收入，并通过购买尖端武器和军事技术，实现武器装备的升级。雇佣军通常来自军队、情报部门和警察部队，但是也有帮派成员，平均年龄在 35—40 岁。

与正规部队相比，使用雇佣军的优点很多：经济上更节省，不再需要时可以立即终止合同；雇佣军不需要任何形式的社会福利（养老金等），也不需要培训费用；同时还能提供高度的信任，因为雇佣军的大多数成员都是专业人士。同样，雇佣军提供的卓越效率（经验丰富、资源充足等）也确保了秘密行动的保密性，不会因为造成伤亡而受到公众舆论谴责，同时具备高度灵活性和专业化。尤为重要的是，使用雇佣军能够避免战术限制（警告）和责任。

但是，雇佣军也会引起一定的不便，例如违反国际法。在许多情况下，该组织并不遵守相应的劳动法律，用较低的工资雇用发展中国家的人员，还不为他们提供社会福利。

到目前为止，由于各国之间的差异和行业的全球化，以及随之而来的阻碍监督的金融工程和多重利益纠纷，监管雇佣军的努力都是徒劳的。《日内瓦公约》于 1977 年批准的《使用雇佣军国际公约》不包括监管私营军事和保安公司，主要因为它不符合“雇佣军”的定义。这同样适用于联合国 1989 年批准的《反对招募、使用、资助和训练雇佣军国际公约》。《蒙特利尔文件》（2008 年）规定了对私营安保行业的监管。虽然有 17 个国家批准了该文件，但是却无法强制要求各方遵守这些原则。

总之，私营军事和保安公司都是中间媒介，服从各国的经济和政治利益，但是不需要顾及公众舆论，而且各国政府不必为其承担责任。

美国的间接战略

美国在越南战争之后，或许受之前失败的冒险经历影响，已经将直接干预战略改变为更间接的战略，更多地雇用第三方来实现其目的。根据理查德・A. 克拉克的说法，与在朝鲜和越南的做法截然相反，美国借助巴基斯坦军队的情报部门，最终在阿富汗击败了强大的苏联红军。巴基斯坦军队情报部门利用美国、沙特政府和慈善组织所给予的资金，将武装水平还停留在 19 世纪的阿富汗战士和数千名阿拉伯志愿兵变成了一支劲旅。总的来说，美国每年在阿富汗的战场上花费不超过 6 亿美元。

2001 年，当美国进入阿富汗以针对“9・11”事件进行报复性军事行动时，这种趋势得到了加强。为了消灭塔利班的势力，美国雇用了北方联盟的武装分子，并由少数美国特种作战士兵领导。10 年之后，为击败利比亚的卡扎菲，美国将盟国拖入战争。在叙利亚和伊拉克的激烈冲突中，美国主要利用库尔德人与所谓的伊斯兰国战斗。

弗里德曼认为美国应该建立联盟。在这种联盟关系里，其他国家承受较大的对抗或冲突，而美国以经济利益和军事技术对其进行支持，并向它们承诺，在必要时，美国将派出军队。美国前总统奥巴马所定义的“从后面领导”对这一政策进行了总结。也就是说，继续手持指挥棒，以一种更难以察觉的方式，隐藏美国的影响力。根据竞选期间的演讲，现任美国总统特朗普似乎有兴趣扭转这一趋势，不过当他坐到椭圆形办公室时，还是延续了这一政策。

恐怖分子操纵妇女和儿童

各种恐怖主义团体都会利用妇女和儿童执行各种任务，因为他们认为这样能够更好地实现该组织的目标。这种操纵最典型的做法是让妇女和儿童执行自杀式恐怖主义袭击，正如尼日利亚经常发生的那样，妇女和儿童被迫沦为人体炸弹。

对于恐怖组织来说，使用妇女和儿童进行自杀式袭击具有重要的战术利益。它容易获得世界媒体的关注，其轰动效应远高于男人执行袭击的效果。通过这一点，恐怖组织实现了其主要战略目标：让全世界把目光转向他们的事业。此外，妇女和儿童可以进入通常禁止或限制男性进入的地方，遇到的安全检查更少，无论是在市场、医院还是在街上，她们都更容易伪装。利用妇女和儿童的另一原因是成年男性短缺或成年男性忙于其他工作。

一个残酷的结论是，使用妇女和儿童进行自杀式爆炸是对人类进行操纵和剥削的最极端形式之一。妇女和儿童在恐怖主义组织领导人的手中变成了无足轻重的物品。

把罪行归因于其他人

2002 年 5 月 8 日 7 时 45 分，在巴基斯坦人口最多的港口城市、金融和商业中心——卡拉奇发生了一起离奇的袭击事件。一名司机引爆了一辆装满爆炸物的车辆，在他旁边、停在喜来登酒店门口的是一辆载有 5 人的巴基斯坦海军大巴车。袭击造成 14 人遇难，其中 11 人是法国舰艇建造局（DCN）的法国雇员，此外还有十几名受伤程度不同的伤员。遇难的法国人的工作是为建造最新一艘 Agosta 90B 潜艇提供技术援助。1994 年，在爱德华・巴拉迪尔担任法国总理期间，法国与巴基斯坦签署了一项合同，向后者出售 3 艘 Agosta 90B 潜艇，合同金额为 8.2 亿欧元。

由于发生在美国的“9・11”事件刚过去不久，舆论第一反应是基地组织发动了这次袭击。6 个月后，奥萨马・本・拉登向这次袭击事件发出了一条祝贺信息，使得外界更加猜测是基地组织发动了袭击。事件发生后，巴基斯坦当局立即逮捕了 100 名嫌疑人，但是几天后又被释放。有趣的是，自杀者的身份从未被确定。2002 年 7 月至 12 月期间，巴基斯坦警方逮捕了另外 3 名嫌疑人，其中一人后来成功逃脱。媒体提供的信息显示，被捕的两人是克什米尔境内恐怖主义组织的成员，一个是所谓的炸药制造商，另一个是在袭击发生之前一直待在车内的人。两人于 2003 年 6 月 30 日在卡拉奇被反恐怖主义法庭判处死刑。

直到 2009 年，这次袭击仍然被法国政府和巴基斯坦政府归咎于基地组织及其分支机构。但是在死者亲属公布为寻求真相而做出的新闻调查后，官方说法开始受到质疑。有人提出了一个假设，即这次恐怖袭击是对中断出售潜艇合同中应支付的佣金费用的报复行为，佣金可能高达约 3.27 亿欧元（是合法的支付，直到 2000 年法国立法仍允许在大规模的国际武器销售中收取佣金）。甚至有人怀疑此事与政治献金有关，即流入法国中间商手中的大部分佣金资助了一些政治党派。（类似事情可能也发生在法国与沙特阿拉伯签署武器合同的过程中，特别是签署出售 Sawari II 护卫舰的合同。）

希拉克就任法国总统几个月后，下令取消了商定的佣金，可能是因为他怀疑这些佣金资助了其竞争对手巴拉迪尔的竞选活动。这一决定导致佣金代理人损失约 1.2 亿欧元，他们不仅曾承诺将部分资金交给法国政客，而且还承诺向巴基斯坦人提供大量资金，包括巴基斯坦三军情报局（ISI），这个部门正迫不及待地等待着这笔资金。

大多数研究人员认为，领土监视局（DST）——法国反间谍机构和法国国内安全局（DGSI）的前身，从一开始就已经了解到事实。甚至认为在卡拉奇袭击事件发生前，DST 便一直在监视这个网络的人员。这些人员都是一个销售大型武器项目的国际佣金代理网络的成员。DST 在第一时间就拒绝提供揭露袭击真实动机的文件，理由是该文件被归类为绝密文件。其目的或许是为了避免法国和巴基斯坦之间的紧张对峙——不是战争对峙，至少也是外交对峙。那时法国恰好需要维持与巴基斯坦的良好关系，因为在“9·11”事件后，巴基斯坦是进入阿富汗的大门。

来自媒体和遇难者家属的压力推动了司法调查。两名法国法官扭转了调查恐怖主义袭击的思路，开始调查可能参与行动的巴基斯坦特勤局的军人和特工。面对关于袭击动机和袭击者身份的不同说法，2009 年 5 月 5 日，巴基斯坦司法当局释放了被定罪的两名嫌疑人。

最近，其他一些调查显示，巴基斯坦人可能已经发出了一个信号，法国雇员被杀可能与曾和法国女人结婚的美国记者丹尼尔·佩尔有关。2002 年 1 月，这位《华尔街日报》记者被绑架，几周后被绑架者杀害。正如卡拉奇爆炸事件所发生的那样，最初的假设也指向了恐怖分子，但是后来人们发现，绑架者曾向美国当局发出一封信，要求履行美国和巴基斯坦之间签订的关于交付 F-16 战斗机的合同。

经过多年的司法程序，事实尚不清楚，而且非常可能永远不会清楚。不幸的是，伤者和遇难者亲属笼罩在真相的阴影当中，与被谋杀的人一起成为这个故事的输家。或许此事只属于许多类似事件中为数不多的被披露的那几件，那些未披露的通常都归因于所谓的“全球恐怖主义”。

邪恶没有旗帜

没有阴谋的理论，只有阴谋的事实。2500年前，希腊剧作家埃斯库罗斯说：“在战争中，第一个受害者是真相。”无论是政治战略领域还是战术领域，此种说法都可以延伸到任何冲突、危机或紧张局势。一些人类群体毫无顾忌，迫切希望将自己的意志强加于他人。这种希望驱使他们为实现目标而采取一切手段，而不管这种手段是不是谎言和背叛。

人类的激情已经成为并将继续成为一个永恒的弱点，一旦有机会就会运用阴谋和诡计。技术进步只能用于新的手段和程序，而不能抑制或引导感情，因为受到罪恶折磨的人类灵魂总是易于陷入虚假和残忍。当一个人具有巨大权力时，会因其有决定他人生死的能力而变得骄傲自大，从而更加虚假和残忍。

在整个历史长河中，伪旗行动一直是永恒的，是一种与政治和军队一样古老的做法。指责其他国家、组织或团体犯有事实上并未犯下的罪行，是一直沿用至今的战略，这样做可以为未被公民或盟友许可的行动提供正当理由。一旦生存或利益受到威胁，人类内在的邪恶就会促使他们为赢得对抗而不择手段，哪怕这些手段是最恶劣的。为了成功完成伪旗行动，统治者通常会用情感来激励国民。为了达到这个目的，会用一个混合了现实和虚构的模糊故事，编造一个戏剧性的蒙太奇，摧毁国民精神防线，使他们不得不站在政府一边。通过这种方式，很容易引起国民对敌人的极大仇恨，并以最凶狠的方式投入战斗。

13. 制造敌人

如果没有敌人，就制造敌人。世界上不少群体似乎感到需要有一个对手，能促使自己内部团结，并使自己的努力和雄心有明确的目标。

当一个社会确信自己的存在或既定秩序受到威胁时，往往会建立一种机制以加强其成员之间的团结，使人们服从统治阶级的统治。在领导人的精心管理下，这一战略可以确保百姓——哪怕是那些最热爱和平的百姓，也愿意为了保卫祖国和捍卫自己的生活而呼吁战争，尽管战争组织者的真正目的并非如此。

制造敌人的目的也是为了转移民众对国家内部问题的注意力。历史上，这样的先例非常多。一些西方大国运用该战略是为了控制人口和盟国，以进行世界性扩张，扩大军队和情报部门，促进军事工业发展。

这一战略原则也被用来维持现状。布匿战争期间，罗马元老卡托鼓励罗马人在迦太基变得过于强大并对罗马构成威胁之前，对其发动第三次战争，但这一提议遭到了罗马上层统治机构罗马元老院激烈的反对，尤其是遭到所谓的“西庇阿派”的反对。“西庇阿派”认为消灭迦太基对罗马人不利。他们认为，迦太基是罗马人当时唯一的对手，消灭迦太基会使罗马人被胜利冲昏头脑，导致罗马帝国最终走向衰落。

北约重塑自我

自 1991 年华沙条约组织解散以来，北大西洋公约组织一直试图重塑自我，以为其继续存在寻找理由。北约逐渐扩大行动领域，超出了 1949 年《华盛顿条约》第六条规定的范围，认定自己可以在世界任何地方采取行动。因此，在巴尔干半岛的波斯尼亚、科索沃和塞尔维亚采取行动之后，北约又在阿富汗和利比亚采取行动。最重要的是，北约重新发现了一个强大的对手——俄罗斯。通过设定俄罗斯这个对手，北约可以有理由部署部队和投入资金。

目前，美国一直支持以北约为军事代表的西方国家与俄罗斯保持敌对状态，目的有两个：一是将俄罗斯作为新兴竞争对手加以抑制；二是为欧洲盟国制造一个敌人，以使它们服从美国、向美国寻求保护，并为此而购买武器。美国的地缘战略目的是：防止俄罗斯和欧洲其他国家走到一起。正如弗里德曼所说，俄罗斯和欧洲结盟将产生一种几乎无法控制的力量。

正如我们之前所看到的，俄罗斯和欧洲联盟将意味着出现一个拥有各种能力（技术、能源、人口、市场、文化、军事等）的超级大国组织，这将是对美国政府的一个真正威胁。由此看来，美国利用乌克兰问题挑起欧洲人和俄罗斯人之间对抗的原因，可能是两者不仅在地理上接近，还有共同利益，甚至从历史和文化联系来看，他们本应该成为兄弟。美国成功地说服了欧洲各国领导人。不知道是因为天真还是因为屈服于美国的压力，欧洲各国领导人已经被巧妙地拉入陷阱，一直倾向于使公众舆论支持他们的反俄决策。日益严峻的紧张局势，以及在接近的空间内展示军事实力，最终可能会导致引发公开战争的事件发生，这将使欧洲的土地重新变为战场，给欧洲带来灾难性的后果，使其在几年内无法恢复与其国际影响力相匹配的地位。

军事工业——敌人的母亲

美国为了维持其强大的军事工业，经常煽动大众，制造敌人，这种做法备受批评。伊朗和朝鲜经常被认为是可能攻击其地区竞争对手的狂热国家，这使得周边国家不得不过度购买军备。大多数情况下这些军备是不必要的，唯一的用途就是为该地区的军备事业做出贡献。例如，沙特出于对伊朗的担忧，在2012年至2014年，成为世界第二大武器买家（仅次于人口总数是其40倍的印度）。2016年更成为第一大买家。同样的情况也发生在阿拉伯联合酋长国，这个国家领土面积较小，人口也只有900万，但是这并不妨碍其在2012年至2016年成为世界第三大武器买家。在亚洲的另一端，为应对假想的朝鲜入侵的威胁（如果长期部署在韩国的25000多名美国士兵受到朝鲜的袭击，将迫使美国直接与朝鲜开战），韩国总是居于世界第十大武器买家的地位。

作为主要武器供应国，美国从中获得了巨额利润。具体而言，美国武器的主要买家中有沙特阿拉伯、阿拉伯联合酋长国和韩国。武器销售并不是透明的，因为可以用其他产品加以掩盖，如后勤设备、战斗支援设备或两用技术。另外，世界上也没有规范武器买卖的普遍准则。

据拉彼威尔和蒂阿尔介绍，就朝鲜问题而言，美国辩解说其在图勒（格陵兰岛）设置基地是出于这个亚洲国家的核弹道导弹的威胁。但实际上，美国在格陵兰的军事存在只不过是其继续冷战的另一种方式，通过导弹防御系统和其他陆地和海洋武器（海面和水下）复制霸权地缘战略。这就是俄罗斯的看法，俄罗斯认为这些武器的部署只是为了或者至少是为了针对自己。

将卡扎菲妖魔化

西方国家军队于 2011 年 3 月 19 日进攻利比亚之前，对卡扎菲进行了妖魔化报道，其明确目的是让迫在眉睫的军事行动得到公众舆论的支持。在进攻前两周的 3 月 2 日，英国记者贾斯汀・马罗齐在英国第二大报纸《每日邮报》发表了一篇文章，称卡扎菲政府不仅有化学武器，还准备使用这些武器。马罗齐认为，利比亚反对派与卡扎菲对抗是为了在利比亚实施民主，反对派将遭到化学武器和生物武器的屠杀，且卡扎菲不会有任何迟疑。

马罗齐还详细叙述了这些武器对人类产生的可怕影响。为了支持他的推理，他说他的信息来自“西方情报部门的大量军人和专家”——这类文章的常见来源。他还编造了具体的细节，说尽管卡扎菲在 2003 年承诺销毁这类武器以重返国际社会，但是这个有悖常理的领导人保留了 10 吨化学产品以制造芥子气，还有 650 吨其他材料以生产各种化学武器。关于生物武器，这位英国记者援引前利比亚司法部部长的话称，卡扎菲仍然拥有炭疽和神经性毒剂（如沙林），甚至还可能有转基因天花病毒。马罗齐甚至宣称，卡扎菲拥有 1000 吨铀粉，可以制造出一种原子弹。根据马罗齐的说法，卡扎菲与朝鲜、伊朗、伊拉克等国家有着友好关系，所有这些国家都被列入了美国总统乔治・W. 布什的“邪恶轴心”名单，所以卡扎菲在 2003 年做出的裁军承诺值得怀疑。这位记者在整篇文章中坚持认为，利比亚反对派的武器装备很差，隐含的意思是要求向反对派提供足够的武器以对抗利比亚的独裁者。简而言之，他鼓励西方公民和领导人攻击卡扎菲政权。必须得说，最终利比亚没有对任何军队、人民使用其所描述的任何武器。

同样是关于利比亚的情况，霍夫在其文章中提供了另一个例子，是关于希拉里在美国总统竞选期间泄露的电子邮件。文中提到，为了获得西方公众舆论对攻击利比亚的支持，她也采取了妖魔化卡扎菲的媒体战略。因此，某些记者报道说，卡扎菲的部队用大规模的强奸行为作为战争工具（甚至为此向部队发放某种药片）。尽管包括国际特赦组织在内的一些国际组织否认了这些指控，但是谣言在整个西方媒体上传播，使西方公民相信了卡扎菲的野蛮行为。有人指责卡扎菲将尸体运到北约轰炸过的地方，然后宣称是西方国家进行的杀戮，这也被证明是错误的。

一切都是针对共同的敌人。制造敌人，使人们相信现在或不久的将来存在与其他社会、意识形态或国家发生冲突的可能性，这不仅是进行社会控制的一种形式，也会使领导者具备非常强大的凝聚力，也许是最强烈的凝聚力。

14. 维持均势

权力的平衡永远不会是静止的平衡，其成分永远处于流动之中。

——基辛格

多年来，西方大国一直在感兴趣的领域寻求和维护平衡的霸权意志，它们想确保任何对手都不会在该领域脱颖而出，从而维护自己的领导地位。英国就是一个典型的例子。在两次世界大战期间，英国的优先目标是维持欧洲的力量平衡，使其他任何国家都没有足够的力量来支配欧洲大陆。因此，英国一直愿意用霸权主义力量支持那些被认为最弱的国家。

奥巴马政府使伊朗成了地区霸主，这对伊拉克、叙利亚、黎巴嫩和也门有直接影响，并对巴林有潜在影响。这使从波斯湾到土耳其的那些逊尼派占多数的国家以及以色列都产生了可以理解的担忧。最有可能的是，特朗普政府将试图重新实现力量的平衡，不过其不会用和平的方式实现。

如果看看大国的手段，那么特朗普在继续奥巴马实施的战略方面做得不够也就不足为奇了。也就是说，在让伊朗和中东的什叶派壮大之后，美国现在转而想要对付他们，从而制造该地区的永久性冲突。分裂的阿拉伯和伊斯兰世界，将无法控制该地区的所有石油和战略通道，这是西方列强在一个多世纪里对该地区实施地缘战略的目的之一。没有什么奇怪的，正如弗里德曼指出的那样，美国必须尽可能地确保世界和所有地区的力量平衡，以消耗潜在敌人的力量并转移对美国的威胁。

一个奇怪的战略是德国继续在其地缘政治环境实施的战略。根据蒂阿尔的说法，德国试图控制东欧，以防止东欧重新落入俄罗斯之手。为此，在波罗的海、中欧和巴尔干半岛，实行了明确的反俄罗斯政策，以使俄罗斯远离亚得里亚海沿岸。与此同时，德国人也试图与土耳其保持良好关系，以便通过它进入黑海的战略通道。

建立和维持平衡也尤为重要，因为这能够为稳定与和平提供一些保障。至于如何尝试实现这种平衡，法里德·扎卡利亚提供了两套基本方案，虽然是就欧洲情况提出的，却具有普遍适用性。其一是英国的做法，英国曾试图对崛起和有威胁的大国实施一种平衡战略；其二是俾斯麦所采用的那种策略，他选择与所有大国交往并与各大国保持友好关系，进而试图使德国成为欧洲国际体系的中心轴。

基辛格认为，对权力平衡的挑战源于两方面：一是当一个大国的力量提升到可以成为霸权国家的时候；二是当一个国家处于次要地位并想要获得与大国相同的级别时。根据基辛格的说法，在当今世界，随着霸权国家（指美国）的衰落、欧洲的衰弱和世界的分裂，全球大国和区域大国之间正在产生再平衡。

在地缘政治中，大国一直寻求平衡，但平衡总是不稳定的。这就是国际格局总是在变动的原因。

15. 有些谎言会持续下去

谎言重复千次，就会变成真理。

——约瑟夫·戈培尔

如果说舆论一直很重要，那么赢得公众舆论、征服“思想和心灵”、赢得思想战争就越来越重要。让社会相信某件事、某个观念的方法是一遍又一遍不厌其烦地重复它。

1933 年至 1945 年间担任纳粹德国国民教育与宣传部部长的约瑟夫·戈培尔就是这么认为的，并说了一句有关这种战略的名言：“如果撒谎，就撒弥天大谎。因为弥天大谎往往具有某种可信的力量。”

对虚假信息进行宣传的做法被一些西方国家政府所效仿。历史上多次出现政府操纵公众舆论以谋利的事件。1981 年至 1987 年间担任美国中央情报局局长的威廉·J. 凯西曾说：“当美国公众所相信的一切都是假的之时，我们的造谣体系便成功了。”在战争中，人们对这种操纵工具的使用愈加频繁。马朗什认为，现代战争的秘密武器之一是提供虚假信息。而富勒认为，宣传战旨在主宰民众的思想和鼓励有利的公众舆论：把敌人变成恶魔，以唤醒每个人潜在的本能；争取中立各方以颠覆对手的公众舆论。

随着新技术的出现和我们对“即时性”信息的依赖，未经分析的信息和缺乏背景的信息大量出现，社会面临着“被洗脑”。这会误导公众舆论。大量的调查和统计也是如此，其结果很容易被操纵。

当损害自己形象的真相不小心被发现且不能否认时，当事人（无论是人还是媒体）会通过攻击信息来源而做出反应。这就是维基解密揭露希拉里的电子邮件后的遭遇，舆论关注的焦点是谁将信息泄露给公众，而不是电子邮件的内容。

作为传播理论先驱之一的哈罗德·德怀特·拉斯韦尔深入研究了“一战”期间对公众的操纵术。其著作《世界大战时期的宣传技巧》中的一个观点是：宣传的实质是利用媒体在人群当中注入一个特定的想法，将公众舆论推向某个方向，以便在不必诉诸暴力的情况下实现个人对特定政治意识形态的依附。似乎我们能得出这样的结论：如果我们没有意识到我们正在被洗脑，那可能是已经被洗过了。

万花筒的千种颜色

> 每当你发现自己和大多数人站在一边，你就该停下来反思一下。
>
> ——马克·吐温

拉蒙·德·坎波亚莫尔在其诗歌《两个灯笼》中写道：“世界看

起来是玻璃的颜色。”借用这位西班牙现实主义诗人的话来解释，生命是透过玻璃看到的颜色，是我们观察到的色调。这种色调取决于我们阅读的报纸、看到的电视节目或听到的广播。这些媒体创造了一种“人工”场景，很少与客观现实相吻合。有时我们甚至连一种颜色都察觉不到，只有真相的阴影若隐若现。

换句话说，我们可以用肉眼、望远镜和显微镜观察世界，这些都是有效的观察方式。事实上，我们面对的是万花筒般的镜子，它有吸引力、使人晕头转向，但并不清楚。我们所认为的现实只是一种娱乐，只是为了阻止我们看到幕后发生的事情。正如诺姆·乔姆斯基所说，呈现给我们的世界图景与现实没有丝毫关系，关于每个问题的真相都隐藏在谎言之中。

1807 年，美国人约翰·诺维尔致信已经执政 6 年的美国第三任总统托马斯·杰斐逊。在信中，他请教如何办报纸，因为他打算办一份报纸。

杰斐逊于同年 6 月 14 日回信，信中他对当时的媒体进行了批评。关于办报纸，他说：“仅限于真实事件和合理原则。但是我担心这样的报纸不会有太多的订阅者。报纸上现在登的消息，没有一样可以相信，置身于这滩浑水中，连真相本身都值得怀疑。这种说假话的实际程度只有那些能够运用今天的谎话来面对事实的人才能知晓。我真的很同情我的同胞们，因为他们从生到死，通过阅读报纸，一直相信自己已经了解了世界上所发生的事件。我要补充一点，那些从不看报纸的人比看报纸的人更了解情况，因为什么都不知道的人比那些脑袋里充满谎言和错误的人更接近真理。”

时至今日，杰斐逊两个多世纪以前写的话不仅没有失去有效性，还可能比以往更加真实。在现代世界中，每个人（至少是较发达国家的人）每天都被海量信息所淹没，其信息量几乎比其祖先一生所获得的信息还多。但是，我们绝不能错误地将接收信息等同于明智，因为真正的智慧基于质疑和自我分析。实际上，信息量越大，虚假信息越多。

里根时代的媒体

大多数人用借来的眼睛看、耳朵听，活在没有品味和未经过判断的信息当中。

——巴尔塔沙·葛拉西安

根据各种解密文件，里根政府曾发起一项心理行动计划，用于对抗苏联在西方国家非常活跃的宣传活动。随着时间推移，这项计划逐渐得到增强并越来越复杂，旨在影响目标国家的公众舆论以及美国自己的公众舆论（特别是为了克服“越南综合征”），以获得有利于美国利益的民众支持。

制定和实施这一计划的任务被交给了中央情报局，具体由沃尔特·雷蒙德领导的一个专门从事秘密行动的小组负责。这个小组被纳入了国家安全委员会，以加强对它的领导。由于担心苏联在南美洲和中美洲的渗透，美国在哥斯达黎加、古巴、萨尔瓦多、危地马拉、洪都拉斯、尼加拉瓜、巴拿马和秘鲁等国开展了各种宣传和信息操纵活动，也在其他与美国利益高度相关的国家，如阿富汗和菲律宾实施了上述行动。

一些解密文件里提到，这个秘密行动小组曾采取行动，试图影响世界社会主义政党，以及影响在意识形态上接近社会主义的欧洲政党领导人，以维护美国的利益。其中一个重要任务是发现目标国家的脆弱性，为了达到目的，只要有可能，他们就默许和纵容记者和编辑操纵新闻、编造新闻，并抹杀对自己不利的新闻。

1983年1月，美国总统里根签署了关于国家安全的第77号指令，被称为“国家安全公共外交管理指令”。该指令反映了加强与公共外交有关事项的必要性。这些活动随后被归纳为“战略沟通”。

使用造谣手段传播虚假新闻

欺骗别人比让他们相信自己被骗更容易。

——马克·吐温

记者艾德里安·陈在2015年发表的一篇文章中，披露在圣彼得堡有一家名为互联网研究所的俄罗斯公司，该公司显然是在为克里姆林宫工作，通过散布虚假信息来影响互联网和社交网络。据陈说，这家公司由数百名20多岁薪水丰厚的年轻人组成，他们担任了推手[①]。他们应该对在美国传播的一些最臭名昭著的虚假新闻负责。

陈叙述的第一起案例，发生在2014年9月11日的路易斯安那州南部的圣玛丽镇。在“9·11”事件发生13周年之际，一个危言耸听的消息开始传播，消息称在圣玛丽镇的一家化学品加工厂发生了严重事故，并敦促市民采取保护措施。在几分钟内，社交网站Twitter上就有了来自许多不同账户的数百条消息，提供的数据似乎无可辩驳。根据目击者的叙述和图像信息，可以看到火焰吞噬了工厂。一个视频来自附近加油站的安全摄像头，通过这个视频可以看到爆炸的瞬间。通过来自远处的另一个视频，可以看到黑烟柱。

① 推手：在数字世界中，发布具有挑衅性、不相关性的虚假消息的个人或组织，其目的是制造麻烦并影响其他用户的反应。

一个没人能看出破绽、经过细心制作的 YouTube 网站视频显示，一个人在电视上看到了这个消息，为此添加并创建了维基百科页面，该页面显示了视频对象。为了提高可信度，该镇的居民被列为证人。一些主要媒体、记者和政治家，无论是地区的还是国家的，都开始收到关于这场灾难的大量信息。不久之后，在一个精心制作的 YouTube 视频中，伊斯兰国声称对此次袭击负责。

类似事情并不是第一次发生，在 2013 年的下半年已经多次发生过，只不过规模较小。在这些事件中，影响最大的是 2013 年 12 月 13 日，人们通过 Twitter 传播在亚特兰大爆发埃博拉疫情的消息。与圣玛丽镇的情况一样，他们广泛使用了在该区域迅速传播的新闻和错误视频。操作者付出了巨大的努力，正如 YouTube 视频所示，穿着防护服的医护人员在亚特兰大国际机场运送受害者，甚至看到一个细节：一辆卡车停在一个带有机场标志的停车场。

CNN 效应

媒体的全球化导致你被电视洗脑，而互联网为你消除了过去所有的阻力。

——保罗·卡维尔

20 世纪 90 年代出现了媒体引领外交政策的观念。所谓的“CNN 效应”来源于这家美国公司的产品——每天 24 小时播放世界各地正在发生的事情。这种新闻的即时性制造了现实，因为电视频道决定了什么是新闻、什么不是新闻。通过这种方式，媒体成了世界舆论的制造者，对一些国家的内外部政治行动产生了强大影响。

根据一些研究，CNN 对某些事件的不断报道对政府决策产生了重大影响，如第一次海湾战争和摩加迪沙的战斗。实际上在20世纪90年代初的索马里内战期间，对饥荒的报道似乎便已说服了乔治·H. W.布什总统派遣28000名士兵以支持人道主义志愿者。而史蒂文·利文斯顿和托德等的研究，显示媒体只是反映了政府的政治意图。在索马里境内的“重建希望行动”中，根据政府计划，媒体报道了来自索马里的消息，政府的计划是引发公众对索马里发生的战争的关注。

口袋人

当不能再通过武力控制人们时，为了使他们不会感觉到自己生活在异化、被压迫的条件下，就必须改变其意识。

——诺姆·乔姆斯基

用于控制和制服人的手段之一，是灌输非理性和令人瘫痪的恐惧感。这种恐惧感只有在强者的保护下才能被克服。这种地缘政治战略就像口袋人的故事——口袋人在黑夜里徘徊，寻找迷路的孩子，然后把他们抓住，放在一个大口袋里。父母用这个故事提醒孩子们不要晚回家或者独自一人上街。强国也会用这个故事来警示弱国在危险世界中独善其身的弊端，或者用这个故事来引导民众。

这一战略最令人厌恶的论点是“全球恐怖主义”。“全球恐怖主义”实际上只影响了世界部分国家，甚至可以说它对半数欧洲国家来说都不是一个令人担忧的威胁。东欧国家或波罗的海国家都是这么认为的。

“‘大规模杀伤性武器’扩散”等概念也是如此，这种概念错误地暗示全球大多数国家已经加速核军备竞赛。事实上，除了那些已经拥有核武器的国家外，只有朝鲜和伊朗能够加入这种竞赛，所以扩散这个词显然是夸大其词，“‘大规模杀伤性武器’扩散”这个概念是完全错误的。

“有组织的犯罪”是另一个例子。虽然对腐败的弱势政府或失败的国家来说这是一个严重的问题，但是对发达国家来说，它只不过是一个社会危害。一旦这些国家认为“有组织的犯罪”的存在是严重的威胁，便会立即修改目前被罪犯利用的宽松法律。如果决定消灭这种犯罪，发达国家就可以在短时间内铲除这种有组织的犯罪。

正如美国记者兼编辑亨利·路易斯·门肯所说：“在某种程度上，政治操作的目的是通过一系列虚构的魑魅魍魉来威胁民众，使人们惊慌失措（并因此而请求保障安全）。”

谁在控制媒体?

证据表明，有一种非常强大的力量将媒体拖向一个独特的思想方向，媒体能够以一种非常有效的方式将任何敢于谴责这种社会控制战略的人击垮。

研究表明，现在有 6 家公司直接或间接控制全球 95%的主要媒体（电视、广播、印刷媒体、电影制片等），这些公司旗下集中了 1500 份报纸、1100 种杂志、2400 家出版社、1500 个电视频道和 9000 个广播电台。以下列出包括影院在内的主要媒体集团，要了解它们真正的经济实力几乎是不可能的。

• 美国康卡斯特，世界第一。

• 美国华特迪士尼公司，世界第二。自 2000 年以来的主席和 2005 年以来的首席执行官是犹太人罗伯特·艾格。

• 美国时代华纳，世界第三。由犹太人杰拉尔德·M. 李文领导。

• 美国二十一世纪福克斯，世界第四。主要股东是鲁伯特·默多克。

•美国哥伦比亚广播公司：国家娱乐公司的主要拥有人和董事会主席——犹太人萨姆纳·雷德斯通，与其家人一起控制哥伦比亚广播公司。

•美国维亚康姆：美国最大的公司之一。雷德斯通作为国家娱乐公司的大股东和董事会主席，控制维亚康姆。

•德国贝塔斯曼。

•巴西环球集团：拉丁美洲第一。

•美国赫斯特公司。

•法国拉加代尔集团。

•美国新闻集团：主要股东是默多克。

•墨西哥电视公司。

•日本索尼公司：其媒体业务主要通过索尼美国公司在美国开展，包括索尼公司图片娱乐。

•法国维旺迪。

可以看到，其中10家是美洲的公司（主要的8家是美国公司）；3家是欧洲的公司（2家法国和1家德国）；亚洲只有1家，但它的媒体业务也是在美国开展的。

过时感知战略

许多国家像公司一样，通过营销和广告，促使社会以越来越快的速度购买、处理和更换消费品，目的是向消费者灌输拥有最新产品的愿望。但是这些新产品并不比以前的产品好多少，灌输这种愿望的目的是使消费者在真正需要产品之前就已经购买了产品。这就是心理学中所谓的“过时感知”。

有趣的是，当前消费社会的宣传已经使人们相信，如有必要可以丢弃仍然完全有用的物品。也就是说，人们采用与其想法和欲望相一致的决策，其准则通常由流行、时尚决定，而把一个常识——用钱满足真实需要扔在了第二位。矛盾的是，欲望将人们与根据其所拥有的东西而虚构的幻想联系在了一起，阻止人们欣赏和享受其能力所及的一切。

谎言和后真相

在一个复杂的社会中，紧迫性和即时性统治普遍存在，进行认真、可靠和公正的分析越来越困难。研究和独立分析变得越来越少。大多数媒体都依赖于信息源，但这些信息源的可靠性却值得怀疑，它们通常会受某些利益集团的操纵或限制。例如，在未经分析的情况下发布耸人听闻的消息，且优先选择最吸引人但缺乏严谨性的标题。

16．把大众传媒作为武器

大众传媒的目的不是告知公众发生了什么，而是根据占主导地位的公司的想法来塑造公众舆论。

——诺姆·乔姆斯基

当前不断的信息轰炸创造了一种思维幻想，即我们是完全自由的，我们是自我独立意识的所有者。但是很多时候，我们的思想受到阻碍，以至于无法清晰地思考。我们以为自己在思考，并得出了自己的结论，但是事实却并非如此。

虚假信息之战

即使是最专业的分析家，也可能做出错误的评估，不是因为他们不了解程序，而是因为他们忽略了要分析的信息来自哪里。我们以某种方式——有时是非自愿的方式——获得的信息是片面的、被有意渲染的或缺乏客观性的。信息被完美地用来控制民众并向其强加品味、倾向、思想和生活方式，甚至是可以做什么或者不可以做什么。

即使是那些完全了解情况的人，想要摆脱这类信息也不是一件容易的事。获取替代信息和不同信息源，不仅复杂，还涉及费用问题，尤其是需要更多时间。在我们生活的这个世界里，节奏是如此之快，时间是一种很少有人能买得起的奢侈品。

通过媒体强加主导思想的一个例子是不同国家媒体对关于叙利亚和伊拉克的冲突的报道。这一方面的报道一直由半岛电视台（卡塔尔）、英国广播公司（英国）、美国有线电视新闻网（美国）、法国24电视台（法国）和天空新闻（英国）向世界其他电视台提供。新闻机构——路透社（总部设在伦敦，是位于纽约的汤森路透集团旗下的一员）也向世界提供报道。换句话说，报道要么来自盎格鲁—撒克逊国家，要么来自其他两个国家——卡塔尔和法国，这些国家在报道冲突时会为自己的利益考量。

2016年10月30日，路透社报道发生在巴格达市场的汽车炸弹袭击事件时，陷入了发布虚假新闻的丑闻当中。报道称袭击事件造成8人死亡，30多人受伤。然后有人发现播放的视频是不真实的，在视频中可以看到有两个人在策划所谓的袭击，以及爆炸发生后有多人靠近现场并假装成受害者。

主要由英国广播公司和路透社提供的关于朝鲜的消息也是如此，

这些消息往往采纳了韩国情报机构提供的信息，显而易见这意味着消息内容有失公正性。

简而言之，世界主要新闻机构对民众收到的最终信息产生了巨大影响，除了那些有能力派出自己记者的新闻媒体外，其他媒体从这些新闻机构引用的消息越来越多。这意味着，在许多情况下，从这些大型发布机构获取新闻的媒体仅是把收到的信息加以制作改编以适应其受众，并不会将其与其他来源进行对比。当前新闻更新迅速，也阻碍了人们对传播的内容进行深入分析。

战争中的媒体操纵

富人发动战争，死去的是穷人。

——让·保罗·萨特

为了鼓励人们接受战争之神的召唤，或者至少让他们不阻止领导人发动战争，领导者通常会进行某些操作。当然，他们相信公理和好运会帮助他们。

对战争事实的歪曲包括如下手段：向民众隐瞒开战的真正理由和相关利益集团；将战争描述成不可避免的、正义的、拯救性的、善意的甚至是人道主义的；承诺以很少的代价或不付出代价就能快速而光荣地获得胜利；把对手塑造成邪恶、荒谬和笨拙的。

为了达到这个目的，领导者必须尽可能地歪曲历史、地理和现实，以造成集体性失忆症。只要人们支持政府的军事行动，或者至少不要公开反对军事行动，那么任何手段都将被视为有效的。

为了达到这些目的，领导者将采用媒体宣传和信息操控的手段。现在的军事行动比以往任何时候都更需要这些手段，以使军事行动看起来是成功的。这些手段看起来只是纯粹军事行动的补充，但是现在它们至少具有相同的重要性，因为战争首先要赢得国内民众的支持和同意，至少民众不反对战争。

领导者坚持不懈地灌输一系列想法，使人们确信他们需要战争，并为最终的伤亡、可能在战斗中造成的灾难以及产生的巨额费用做好心理准备。为了这一目的，最先开展的行动是将对手妖魔化。如果对手的声望已经被质疑，就把对手描述成魔鬼。如果对手已经声名狼藉，就把对手的一切污点曝光或者放大。这样做的意图是，让公民认为，政府必须采取行动来对付这样的怪物，以结束其对平民犯下的卑鄙罪行。

信息行动追求的另一关键目标是组织人们了解领导人开战的真正动机。将混合了经济利益、地缘政治利益甚至个人利益的诉求隐藏在保卫民众的伞下是很常见的，尽管民众的权利并没有得到尊重。这种做法是对联合国保护责任的扭曲。

如果有人大胆反对这种冒险，很快就会被指控叛国并受到声讨。

在这里不可避免地要提到赫尔曼·戈林说过的话。在纽伦堡审判之际，这位曾被希特勒指定的接班人与美国军事心理学家古斯塔夫·M. 吉尔伯特进行了以下对话。

戈林：为什么人们想要战争？为什么一个衣衫褴褛的贫穷农民要冒着生命危险参加战争？他能获得的最好结果不过是健康地回到自己的农场。当然，普通人不想要战争。俄罗斯人不想，英国人不想，美国人不想，德国人也不想。这是可以理解的。但是，决定国家政策的毕竟是领导人，将人们拖入战争是一件简单的事情。

吉尔伯特：这是有区别的。在一个民主国家，人们可以通过选举产生的代表表达自己的意见，在美国只有国会才能宣战。

戈林：哦，那很好，但是，无论能发出声音还是不能发出声音，人们都随时被领导者牵着鼻子走。很简单，领导者所要做的一切就是告诉人们：他们受到了攻击，并谴责和平主义者缺乏爱国主义，使国家面临危险。这放之四海而皆准。①

古巴战争期间小报报社的诞生

战争从不宣称自己是战争，而是说只是对杀人狂徒的自卫行为。

——乔治·奥威尔

在 1898 年的美西战争期间，新闻界在动员美国人方面发挥了关键作用。那些年美国诞生了所谓的“新闻小报”。这种只关注销量的报纸，对古巴发生的任何事件，不管事件本身多么微不足道，都会加以夸大，甚至在没有可以吸引公众的新闻时，还会编造新闻。

那时，主要报纸之间对名声和销量的争夺十分激烈。编辑约瑟夫·普利策和威廉·伦道夫·赫斯特之间的竞争也十分激烈。这种竞争表现为《纽约世界》和《纽约日报》的竞争。正是这种竞争导致了小报的出现。赫斯特对当时驻哈瓦那记者的回应已经超越了今天我们在新闻学院所学习的内容。尽管收到了提供血腥新闻的指示，但是记者发现自己所处的环境十分平静，一无所获。就在那时，赫斯特明确告知记者：“你提供照片，我才能鼓动战争。”

结果是，小报不断鼓动美国民众，让他们督促美国政府与西班牙开战。小报夸大或伪造了西班牙当局在古巴岛上犯下的过激行为，以

① 吉尔伯特是美国陆军军官和情报人员，懂德语，在囚禁德国空军总司令、盖世太保创始人戈林的监狱里担任心理学家。谈话于 1946 年 4 月 18 日发生在囚禁戈林的牢房里，没有证人，也与司法程序无关。吉尔伯特在日记中记录了这一对话。

激发美国民众捍卫古巴人被侵犯的人权。最典型的例子是1898年2月15日美国缅因号战列舰沉没，一系列激进、夸张的媒体宣传活动由此爆发。美国派遣这艘军舰前往古巴的使命是保护美国在岛上的利益，至于该军舰沉没的原因，尽管人们进行了彻底的调查，但是美国从未澄清过。不过，这并不妨碍普利策和赫斯特的报纸煽动同胞对西班牙人的仇恨。他们把西班牙人描述得十分糟糕，将他们视为野蛮人和无情的罪犯。通过新闻轰炸，他们让人们从心底记住了令人震惊的标语口号——“记住缅因号，与西班牙一起下地狱”。这已成为那些想要参战的人的口号。通过操纵美国国民，美国领导人终于发动了战争，这是多年来的经济和地缘政治利益纠纷而引发的战争。

古巴叛乱分子也广泛使用新闻报道的手段，出版了两份免费向民众分发的报纸，以告知民众斗争的进展并获得民众的支持。这种与民众沟通的方式如此重要，以至于领导独立革命的领袖——古巴将军安东尼奥·马塞奥称这种新闻是起义的炮兵。

媒体为情报部门工作

媒体是地球上最强大的机构。它们有能力使无辜的人有罪，这就是力量。因为它们控制着群众的思想。

——马尔克姆·X

有关媒体和记者为国内外情报机构工作或服务的消息很常见。有人甚至还指出，最出色的新闻调查是情报部门或警方故意泄露的结果。证明这种说法几乎是不可能的，因为很难找到可靠证据，而想要揭露真相并试图将真相公之于众的人常常有生命危险。

这不仅仅是冷战中紧张局势的结果，即使在今天，欧洲许多国家的记者或多或少地直接受某些国家的影响，并为其服务，而且其程度远超过我们的想象。就美国而言，许多研究人员和中央情报局的前雇员都得出这样的结论：从建立至今，中央情报局对美国媒体和外国媒体施加了巨大影响，其目的是修改传播给公众的信息，以有利于美国的利益。

知更鸟行动

一个经典例子是所谓的“知更鸟行动”，该行动于 1948 年由战略事务办公室（简称“OSS”）转交中央情报局负责。在“二战”期间，OSS 已经创建了一个欧洲记者网络。

战争结束后，美国国务院设立了政治协调办公室。该机构于 1948 年与特别行动办公室合并之后，立即成为中央情报局里发展最快的部门，雇员数量从 1949 年的 302 名增长到 3 年后的 2812 名，同期预算从 470 万美元增加到 8200 万美元。据研究人员称，这种做法影响到了 800 多家新闻媒体。

在这次行动的框架内，中央情报局先与一位有影响力的记者或编辑联系，然后由他们负责招募其他记者，这些记者不一定知道替谁工作或为了什么目的而工作。但其中一些记者的观点和文章一定会在数百家媒体反复出现。中央情报局向记者提供机密信息，然后让这些记者写文章并署上自己的姓名。记者们因所写的文章获得了极高的专业声望。相关媒体获得报酬的另一种方式是大量的广告合同。所以，为情报部门利益服务的报纸和电视频道的广告收入大幅增加。

这些旨在影响媒体的活动，目的是向民众传播有利于政府的信息。这些活动一直是并将继续成为情报机构的普遍做法。事实上，这种做法不仅被用于传统的纸媒（报纸和杂志），还被用于电视、广播、电影和文学，近年来也被用于互联网和社交网络。

这种战略的应用范围比想象的更广泛，不仅大国这样做，中等国家甚至小国也试图对著名媒体施加影响，即使一些媒体的影响力仅限于部分区域而不是全球。一种常见的情况是，两个竞争激烈的邻国，会利用它们的情报部门在对手国家发布有利于自己的新闻。

乌多·乌尔夫科特是德国近代杰出的政治分析家和记者。他曾多年担任德国知名报纸《法兰克福汇报》的助理编辑，其政治观点和立场非常有争议。他支持极右翼势力及反对穆斯林，并对西方政治持批评态度。尤为引人注意的是，他在2014年出版的《被收买的记者》一书中说，德国和美国的情报部门贿赂德国的记者，让他们写有利于北约和美国的文章。如果记者们拒绝成为亲西方宣传活动的帮凶，就会面临失去工作的威胁。他还指责美国中央情报局收买德国、澳大利亚、英国、法国、以色列、约旦、新西兰等国的记者，让他们制造有利于美国的虚假新闻。正是这本书让他失去了在《法兰克福汇报》的职位。乌多·乌尔夫科特说，虽然这本书极为畅销，但是德国的各大媒体上被禁止谈论这本书。任何试图违反这项禁忌的记者都面临立即失去工作的威胁。

在他谈到的众多事件中，乌尔夫科特讲述了德国政府的对外情报部门在2011年代表中央情报局向他提出，如何在他的报纸上插入以下虚假新闻：利比亚总统卡扎菲参与生产有毒气体。为此，德国对外情报部门向他提供了机密信息，以便他能够以自己的名义发布，最终他这样做了。鉴于《法兰克福汇报》的影响，这一消息引起了国际反响。

2017年1月13日，57岁生日的前一周，乌尔夫科特死于心脏衰竭。去世前，他告诉俄罗斯媒体《今日俄罗斯》：“我已经做了大约25年的记者，被教会的是撒谎、背叛，而不是向公众说实话。”他还说："最近几个月，德国和美国媒体正试图将欧洲拖入与俄罗斯的战争。这是一条不归路，我要站出来坦白：我在过去所做的一切都是不对的——操纵人民，制造针对俄罗斯的宣传；我的同事们过去做过和正在做的事情也是不对的，因为他们允许自己接受贿赂，背叛人民。不仅背叛德国人民，而且背叛全欧洲人民。"他还声称："大多数美国和欧洲记者都在为情报部门工作；尤其是英国记者，他们与美国人建立了更密切的关系，并与中央情报局合作。"

乌尔夫科特非常担心对俄罗斯发动战争的可能性与日俱增，这可能意味着欧洲的毁灭。他说："我非常害怕欧洲发生新的战争，我不想再次经历这种事情。战争永远不会是孤立的，总会有人推动它，政治家这样做，记者也是如此。我们背叛了我们的读者，将他们引入战争。我不想继续这样做，我厌倦了这种宣传。我们生活在一个香蕉共和国[①]，而不是一个有新闻自由的民主国家。"

乌尔夫科特认为，美国以相对简单的方式直接或间接地操纵德国记者。各种跨大西洋组织跟随德国主要媒体最著名记者的脚步，并接近年轻的新闻记者，诱使他们为自己效劳。这些组织邀请记者访问美国，并为他们支付所有费用。一旦到了那里，记者就被那里的政治力量以某种方式俘获。

对于那些更容易认同美国目标的人，这些组织会寻求与他们合作；为了考验他们，开始会让他们做一些小事。一旦确认了他们对美国事业的忠诚，将会向他们提出更明确的要求，当然也少不了贿赂他们。

许多乌尔夫科特的忠实追随者将他的死亡看作阴谋，认为这是一起中央情报局组织的谋杀案，发生在西方国家和俄罗斯关系紧张的时

① 指有强大外国势力介入的非民主国家。

期，美国以一种“谨慎”的方式消灭了一个令他们讨厌并且与北约和美国立场相反的人。乌尔夫科特曾在多个场合评论说，因为揭露情报部门在新闻界的渗透，他处于危险之中。

17. 同化思想

那些虚妄地认为自己拥有自由的人，是无可救药地被奴役的人。

——约翰·沃尔夫冈·冯·歌德

在当今世界，技术（智能手机、互联网、卫星通信等）的发展使人们的观点更具有多样性，甚至对主流思潮产生冲击。

如果我们详细分析正在发生的事情，将看到我们受到媒体的巨大压力，我们也受到几乎不可能打破的思想潮流的巨大压力。弗洛伊德已经预见到这一点，他指出，压力由“懂得如何获取力量和强制手段的少数人，强加于具有反抗性的多数人”。尽管我们享有自由，但是我们生活在这样一个世界——在这个世界里，任何我们不想听到的观点都会被排斥；在这个世界里，一个人可以被社会性地“杀死”，可以被逐出所有领域之外，只因为提出了与强加给人们的思想不同的观点。在这个世界里，获得成功的是那些不断重复咒语和陈词滥调而不加思考的人。相反，任何冒险质疑强加的内容，并提出普遍概念的人，注定要遭到最严重的失败。

这种事情也出现在学术领域和会议领域，某些人只因为持有不同观点或者敢于怀疑普遍化的观点，就被“演讲者黑手党”排除在外。“演讲者黑手党”这个封闭的群体，由相互依存的朋友构成，他们以连续方式相互表达相同的想法。只有持相同观点的人，才能进入这个俱乐部。这个俱乐部通常在经济上受到国家情报部门的支持，以传递有利于国家的信息。

因此，出现了很多问题。例如，我们是否真的为自己思考？我们的思考是自主的，还是由别人来告诉我们要思考什么？环境、社会适合我们吗？我们可以有不同的想法吗？是否有可能在先进社会中表达不同的思想？如此多的信息是不是只会让我们变成“高明的傻瓜”？

沉默的螺旋

人们不会反叛的时刻终将到来。他们不会长时间从屏幕上抬起眼睛来关注正在发生的事情。

——乔治·奥威尔

时至今日，伊丽莎白·诺埃勒-诺伊曼于1974年提出的沉默螺旋理论仍然有效。对于这位德国政治学家来说，公众舆论的概念（有人更喜欢称之为“已发表的意见”）只不过是强加于社会的、对现实的一种特定、有趣的观点。个人别无选择，即使其思维是朝另一个方向发展，也只能调整自己的态度，以适应每个时刻、每个环境的主流趋势。她认为，社会压力对人们有如此强烈的控制，以至于很少有人敢于反对主流思想，因为他们害怕被边缘化，甚至被完全排斥出社会团体。

法国知识分子亚历克西斯·德·托克维尔是古典社会学之父，在18世纪中期解释法国教会的案例时，他也指出了这一现象：“那些继续相信教会教义的人害怕因为自己的忠诚而受到孤立，他们害怕的是孤立而不是错误，所以他们宣称赞同多数人的意见。”智利记者鲁本·迪图斯认为，沉默螺旋理论可以通过四个基本假设来解释：人们天生害怕孤立；社会有可能将偏离的个人边缘化；由于这种恐惧，个人试图跟上主流意见；因衡量结果而影响意见的表达或隐瞒。

这导致现在的人们以更间接的方式表达他们真正的想法，其中之一是匿名评论。因此，一个好的社会学实验会分析这些评论，以确定公民的真实想法。这种情况越来越普遍，看其他人对某一观点的评论也很有意思。从这一切可以得出这样的结论：主要媒体喋喋不休地重复的内容，与大多数人的观点大不相同；这些匿名评论及对其的评价是真诚的，因为在匿名评论时，不存在因发表意见而受到侮辱的风险。这种情况已经在一些国家最近的总统选举和民意投票结果中显示出来。虽然主流媒体宣传的是根据民意调查得到的结果，然而实际结果却令人感到惊讶。参与民意调查时，人们表达的也不完全是内心所想，因为担心被认出身份。不过，最后人们投票时，选择的不是强加给自己的，而是自己内心所想的，他们知道投票是完全保密的。

图腾和禁忌

在欺骗行为很普遍的时代，说实话成了一种革命行为。

——乔治·奥威尔

即使在最发达的社会中，西格蒙德·弗洛伊德在《图腾和禁忌》中提出的理论仍然完全有效。他说，历史上所有人类群体都有自己的图腾，它代表了这个族群被识别出来的神圣价值观，也是后来宗教的起源。同样，他们也有禁忌，即被禁止的东西，因为那些东西被认为对族群有害，或者因为其违背了他们的传统和文化，这成了法律法规以及行为准则和道德规范的起源。

虽然“图腾”和“禁忌”这两个词听起来只适合过去，但是它们在现代世界中的重要性超出预期。所有社会仍然有其“神圣”和“禁止”元素，尽管它们已经随着时间的推移而变化，与古人并没多大关系。在某些情况下，这些元素的转型异常迅速，比发生过多次变化的前几个世纪快得多。通过这种方式，有些涉及“图腾”与“禁忌”的主题实际上不可能提供另类愿景，即使其有无可争议的科学研究支持，也不会冒着被社会边缘化或无情批评的风险。在技术先进的社会中，昔日的人身暴力已经变为网络暴力，这种暴力可能会对那些遭受痛苦的人造成更大的伤害。

单一思想的胜利表明，灌输比启发更容易。同样重要的是，通常情况下，正是那些为自由而哭泣和斗争的人，试图限制他人的自由。正如诺姆·乔姆斯基所说：“如果你相信言论自由，那就意味着你正是为驳斥你不同意的观点而支持言论自由，否则，你就不会赞成言论自由。”

18. 利用穷人

宗教知道如何与穷人交谈，并吸引他们投入自己的怀抱。

——阿敏·马卢夫

政府通常会说他们做某事或者不做某事是为了贫困者、边缘人群和被排斥在社会之外的人的利益。虽然原则上，国际组织和富裕国家都希望促进贫穷国家的社会、经济、政治发展。然而，这种善行实际上也是用于追求地缘政治目的。许多革命是以穷人的名义发动的，最后革命精英夺取了政权，成了另一个更具压制性的政权。

在许多情况下，一些团体吸纳贫困者、边缘人群，宣扬对他们的物质和精神“救赎”。动员他们非常简单，只需向他们提供一个有吸引力的想法，向他们承诺一个更美好的未来，甚至告诉他们，他们将是拥有特权的，至少不会有什么不平等。谁会不响应如此讨人喜欢的言语呢？特别是今天，媒体有可能知道世界各个角落正在发生的事情，不公正的观念比以往任何时候都更加强烈。尽管内心深处，人们怀疑空口承诺，但是对那些生活在贫困或不稳定之中的人来说，任何一根秸秆都可以成为救命稻草。他们想的是，自己没有什么可损失的，至少还有收获的希望，无论是眼前还是未来。

对奴隶制的操纵

关于美国内战的真正动机，有一种观点认为，废除奴隶制主要是为了获得部分人口的支持，以增强作战能力，而不是亚伯拉罕·林肯所说的理想主义果实。从林肯的一些陈述中可以推断，他对在短期内终结奴隶制甚至实现种族平等持怀疑态度。南方和北方之间的主要矛盾可能是关税标准不一致，林肯提倡保护主义，而南方捍卫自由贸易政策——林肯认为自由贸易政策只会使英国受益。

我们必须牢记，在历史的长河中，奴隶制和经济密切相关。在公元前 3500 年的苏美尔人著作中，就有关于奴隶作为社会一个阶层的内容。尽管今天某些地方仍然存在奴隶，但奴隶制度只延续到了 19 世纪末。

当社会开始积累财富并拥有剩余商品时，就会考虑社会差异化和将人力用于不那么有吸引力的任务。这些富裕的社会认识到将被俘的敌人变为奴隶比杀死他们更有利可图。随着工业革命的发生，这种背景发生了变化，因为生产和劳动的机械化意味着人工劳动不再具有与以往一样的重要性，而且养奴隶比使用机器更昂贵。因此，美国南北战争的主要战略原因或许是以农业为主的南方与以工业为主的北方争夺经济权力。南方以农业为基础并认为畜奴更有利可图；而北方认为奴隶制完全没有必要，甚至是新社会无法承受的负担。

以穷人名义进行的战争和革命

接近那些不幸的人，并把他们抱在怀里！

——何塞·马蒂

列宁说过，穷人、工人和失业者支撑着游击队的事业。事实上，正是这位革命领导者发动穷人，推翻了沙皇政权，建立了世界上第一个社会主义国家。俄国革命爆发的根本原因是社会的不平等、贫穷、政治动荡以及沙皇的无能统治和残酷镇压。例如，1905年1月22日，在圣彼得堡的“血腥星期日”事件中，沙俄帝国卫队镇压了工人的抗议并杀死了数百人，包括妇女和儿童。

有人说革命总是依靠人民主权理论去夺取权力，虽然方式不同，但是右翼极端主义者也利用人民和危机。对于革命者来说，要击败的敌人是富人和特权者，而右翼极端主义运动却把一切错误都归咎于外国人和不同政见者。这就是纳粹的行动方式，他们指责犹太人应该为“一战”后德国的贫困负责，并谴责一切雅利安人以外的人。在今天的欧洲，在经济和社会危机的背景下，一些人毫不犹豫地指责移民和难民；各种政党为获得更多选票，将移民与安全问题联系在了一起。

有些西方国家将自己视为普遍正义的捍卫者，声称自己寻求善恶之间的明确界限。当然，这些国家总是按照自己的衡量标准来定义捍卫者的概念，并以捍卫人权和消灭贫困的名义为自己的军事行动辩护。虽然在某些情况下，它们也会做一些公益之事，但是其背后却隐藏着更为重要的地缘政治利益。

1798 年 5 月，法国政府派拿破仑·波拿巴率领一支庞大军队征服埃及。法国政坛对埃及感兴趣的理由并不新鲜：在一个世纪前，德国哲学家戈特弗里德·威廉·莱布尼茨曾建议法国的路易十四控制埃及以破坏荷兰在该地区的地缘政治权威。然而，法国这时的敌人是英国，所以路易十四的计划是通过埃及去联合印度攻击英国。该任务的地缘政治目标是破坏英国的影响力和权力，它运用了穷人战略以证明军事干预的合理性。在 1797 年，法国驻埃及领事就曾表示，由于埃及人民正在受到一个腐败的压迫性政府的迫害，所以进行干预的时候到了。正如安东尼·F. 朗所说，法国大革命思想体系提出有义务去解放那些被落后政府压迫的人。

对该战略的另一种解读是人道主义援助。典型的例子是法国与一些非洲国家（主要是前殖民地国家）的关系：通过人道主义援助、经济往来和军事合作继续保持密切的经济和政治关系。正如政治地理学家雅克·列维所详述的那样，后殖民时期，法国势力在非洲的存在使得法国公司能够获得农产品和矿产资源，并拥有法国定价和管理的金融体系的独家使用权。

人道主义援助具有根本性的副作用，改变了人们的饮食和消费习惯，使他们成了未来潜在的消费者。历史中的大突破、大成就通常是在混乱、灾难、战争等情况下取得的。长期以来，不少人利用混乱、灾难、战争等最迫切的情况，获得了巨大的财富。总有人渴望从穷人身上获利。在非洲、中东甚至在欧洲的难民营，寻求保护的穷人常常被有组织的犯罪集团敲诈和剥削。这些有组织的犯罪集团以帮助为幌子出卖求助者，或者利用他们从事卖淫和毒品走私等犯罪活动。正如法国哲学家和人权活动家让·保罗·萨特所说：“无序是已建立秩序的最好仆人……所有混乱和破坏都会使弱者更弱，富者更富，强者更强。”

由演员乔治·克鲁尼和人权活动家约翰·普伦德加斯特所创立的旨在监督武装冲突期间资金流动的哨兵组织，于2017年6月发布了一份报告。报告指责南苏丹的一些将军和高官在国家陷入混乱且遭受严重人道主义危机的情况下仍然攫取大量财富。具体来讲，南苏丹政府军陆军中将马利克·鲁本·里克的年薪超过了4万美元，他在肯尼亚商业银行常用账户的流动资金超过了300万美元，多笔转账金额甚至超过70万美元。这笔资金可能来自在南苏丹设立的各种外国公司的黑幕交易。对于一个因为战争有250万人流离失所，超过10万人死于饥饿的年轻国家来说，这是一个真正的丑闻。

如果把“干预”和“人道主义援助”两个概念结合在一起，就会得到“人道主义干预”——用英国社会学家马丁·肖的话说，西方一直以此为借口进行军事行动。这些人道主义干预在帮助、拯救穷人和弱者方面或多或少可能是合理的，甚至可能真正是为了促进人类发展和保障人类安全。但是最重要的问题是：为什么只在某些国家实施人道主义干预，而不在其他国家实施？这些问题的答案与为什么利比亚问题适用保护责任原则，而叙利亚或南苏丹问题却不适用保护责任原则的答案相同。

人道主义援助及对贫困人口的援助，也被用于波斯尼亚、科索沃、阿富汗和伊拉克的军事干预行动当中，根本目标是为了实现军事和地缘政治目的。这是根据时任美国国务卿科林·鲍威尔2001年所说的话得出的推论，当时他试图说服非政府组织前往阿富汗作为“倍增力量”为白宫服务。

军事行动与人道主义援助之间的关系复杂，从人道主义行动角度来看，要找到军事行动的理由并不容易。因为人道主义行动的原则基于中立性、公正性和独立性，所以，如果人道主义行动是为军事目标服务，那么这些原则就会受到侵犯，甚至被完全扭曲。但我们也不能忽视一个事实：有时，为了很好地执行任务，人道主义行动需要一支保障其安全的军事力量的支持。

后现代的“老虎”

卡普兰谈到了一种新的后现代的“老虎”，这种“老虎”就是指那些面对真正的不公正而咆哮的人群。他们对战争和以平民为目标的国内冲突咆哮，在面对社会和政治危机时也是如此。“老虎”由来自欠发达国家的渴望改变的公民和来自发达国家的沮丧的年轻人组成。正是在最发达的国家，大多数年轻人有机会获得高等教育，也就产生了更强的挫折感——一个重要的不稳定因素。这些年轻人花费了大量时间和精力接受教育，却无法获得相匹配的工作，他们越来越担忧，越来越感到自己无法成为中产阶级，甚至担心自己陷入贫困。“老虎”同样包括一些老年人，他们担忧自己的未来和后代的未来。如历史上曾经发生过的情况那样，“老虎”可能被某些宗教团体或任何类型的激进团体利用。

19．挑拨离间

有内部问题的敌人已经成熟，可以被征服。

——马基雅维利

如果不能用武力击败你的敌人，可以尝试在敌人内部挑拨离间，直到敌人原本强大而坚不可摧的墙壁看起来像泥捏的一样。这一战略，与分化敌人和寻找对手的薄弱点一起，已经多次被证明是非常有效的。任何社会，无论表面上如何统一，都会有心怀不满、受到委屈或被边缘化的人，以及可能由于个人问题而试图对社会造成损伤的“有毒的人”。因此，想要征服一个国家，首先关注的不是其地图，而是了解并利用其内部的紧张局势，挑动内部矛盾。其次，有一个非常古老的做法，正如马基雅维利警告的那样：一个成功的入侵战略的起点，在于支持当地少数民族反对多数民族，这样便可削弱其国家的力量。

这种既隐蔽又有效的战略，被一些西方国家广泛使用。例如，在 19 世纪和 20 世纪初，英国和其他欧洲国家政府鼓动中东的阿拉伯人发动叛乱以消耗奥斯曼帝国，并向反对土耳其领导人的少数民族提供武器和装备。在同一时期，为了控制中东地区，法国挑动叙利亚两个大城市——阿勒颇和大马士革之间的宿仇，鼓动所有穆斯林少数民族——阿拉维派或德鲁兹派反对逊尼派。通过利用该地区的宗教少数派和少数民族，巴黎实现了对该地区的有效控制。

沃尔特·格利茨认为，具有德国犹太血统的纽约银行家为俄国革命提供了资金，因为他们憎恨沙皇。自 1881 年亚历山大二世去世以后，俄国政府一直对犹太人实施迫害。德国意识到，如果俄国不发生革命，自己将永远无法在“一战”中获胜，所以德国支持俄国的革命。因此，在“一战”期间，德国皇帝向反对沙皇的代理人提供了 4000 万到 8000 万马克的贷款。

在“一战”期间，德国设计了一个在美国和墨西哥之间制造冲突的阴谋。德国外交部部长于 1917 年 1 月 16 日通过电报向德国驻墨西哥大使建议，如果爆发战争，应该建立德墨联盟。作为对墨西哥向美国发动武装进攻的回报，德国将帮助墨西哥收回已属美国的得克萨斯州、新墨西哥州和亚利桑那州。但是这封电报被英国海军部队截获和破译。

在“二战”期间，德国军事情报局第二处负责一项特殊任务，包括支持外国的叛乱、暴动和破坏运动。1941 年，日本特工与印度、马来西亚和缅甸的民族主义团体建立联系，为他们的独立事业提供秘密的支持。出于这些目的，东京于当年 1 月向日本驻新加坡总领事发了一封电报，命令他激起叛乱，使用政治阴谋，加强宣传和情报。出于同样的目标，从 1939 年开始，日本人一直在努力挑动英属印度士兵的不满。

所谓的民主国家也经常使用这种战略。1973 年在智利发生的推翻社会党总统萨尔瓦多·阿连德的政变中，美国便投入了大量资金。执政的美国民主人士也是如此，即使他们有能力掩盖自己的真正利益。据理查德·A. 克拉克说，在克林顿执政时期，美国国会于 1995 年底批准了一个秘密议案，为中央情报局的秘密行动提供资金，目的是颠覆伊朗政权。作为反击，伊朗议会公开批准了针对美国的秘密行动资金。

1980 年，萨达姆·侯赛因进攻伊朗时所宣称的理由是阿亚图拉·霍梅尼号召在伊拉克占多数的什叶派发动叛乱。这种做法现在也可以复制，因为伊朗可能利用在沙特阿拉伯占少数的什叶派，也可能利用波斯湾沿岸产油国家中的什叶派。这对沙特阿拉伯来说无疑是一个值得关注的问题，特别是在其与伊朗的关系非常紧张的时刻。伊朗人可能在巴林也使用了同样的伎俩，因为动员占多数的什叶派人口对抗他们的逊尼派领导人相对容易。简而言之，通过鼓动内部分裂来破坏这个国家的稳定是保留招数，一旦伊朗感觉自己受到极大威胁时，很可能会使用这一招。至于挑拨离间，乔治·弗里德曼的理解是，伊朗被高山环抱，几乎不可能通过传统方式入侵。伊朗的边界几乎都是险峻的山脉，只有东部与阿富汗和巴基斯坦接壤地区的山脉不那么高耸。因此，美国只能努力煽动类似推翻苏联政府的革命，却从未取得成功。

美国人总是对抗拒其权威的人采取“挑拨离间”的做法，就像在古巴那样。有证据显示，在美国中央情报局策划的反对卡斯特罗政权的众多行动之中，有一个没有付诸实践的“好时光行动”。行动内容包括：散发色情材料，材料中所描述的场景是卡斯特罗与众多外国美女一起待在一个摆满各种进口食品的房间里。这种材料以传单的形式在哈瓦那散发。传单照片上还印有一句话：“我的食物不同。”这种类型的行动被美国情报部门成功地运用于其他案例中，用败坏一个人声望的方式来降低其影响力。今天，利用社交网络和适当的传媒手段，情报部门可以在不到 24 小时的时间内毁坏一个人的形象，即使这个人身居高位或享有巨大的社会认可度。

对于伊斯兰世界，乔治·弗里德曼认为美国的战略目标是让其陷入混乱，难以团结在一起。当穆斯林互相争斗时，美国将赢得战争。与此类似的是英国反对欧洲统一的战略，英国认为统一的欧洲对英国的安全构成威胁，英国无法容忍欧洲这个旧大陆在军事上由法国和德国来主导。

年轻人的脆弱性

卡普兰指出，年轻人最有可能推动革命和变革，这种推动力可以用来煽动这些国家的内部颠覆，事实确实如此。自 2011 年起，阿拉伯各国发生的动乱正是如此。虽然不乏内部原因，但是真正引发动乱的是怀有某种意图的外界力量，而这些意图与参加动乱之人的福祉毫无关系，这在叙利亚的动乱中得到了证明。

事实上，动乱并没有发生在存在着其他地缘政治利益的地方，如巴林，占人口大多数的什叶派受占少数的逊尼派领导，但是并未发生动乱。因为在这里发生动乱既不符合沙特阿拉伯的利益，也不符合美国的利益。如果巴林发生动乱，朱法尔的美国海军基地可能落入伊朗手中，这将使伊朗在控制波斯湾时拥有巨大的优势。

美国在巴林的军事存在始于 1950 年，当时美国海军租用了英国在 1935 年建立的朱法尔海军基地。巴林于 1971 年完全独立，美国与巴林达成协议，以获得对基地的控制权。目前，在该基地常驻约 4400 名军事和文职雇员，为中央司令部和第五舰队的海军提供服务。2016 年 11 月，英国也在巴林首都麦纳麦建立了一个新的海军基地，以供其空军使用和停靠驱逐舰、扫雷船。

美国在西班牙统治下的古巴挑拨离间

实际上，在 1898 年美国向西班牙宣战前的近一个世纪内，美国政府已经在支持古巴的持不同政见者和反叛分子。1809 年，杰斐逊总统趁法国入侵西班牙之机，在古巴挑起了一次叛乱。他的继任者詹姆斯·麦迪逊于 1814 年策划了反对西班牙当局的阴谋，不过只得到了在岛上拥有房产的美国人的支持。美国第 11 任总统詹姆斯·诺克斯·波尔克（1845—1849 年任职总统），一个狂热的西班牙的反对者，再一次推动美国业主的叛乱，但是因没有古巴人的支持而失败了。在古巴反抗西班牙殖民统治的十年战争期间（1868—1878 年），格兰特总统公开支持古巴人的起义。格罗弗·克利夫兰总统虽然保持明显的中立立场，却没有采取任何措施阻止叛乱分子从美国领土获得后勤供给。最后，威廉·麦金利总统（1897—1901 年任职总统）决定支持古巴独立。

为了削弱西班牙在古巴的地位，以满足自己的地缘政治利益和商业利益，1895 年 11 月，美国承认叛乱分子的政府为合法政府。一个美国工会立即通过古巴人设立在纽约的办公室为该政府提供了 300 万美元的贷款。此外，华盛顿还向叛乱分子派出军事顾问，指导他们使用火炮。

在西班牙和美国正式开战之前，经常有数十艘船只在美国港口装满了供应品后驶向古巴海岸。西班牙外交部门一直努力阻止美国这样做，美国当局对西班牙的反对完全持消极态度。据估计，在为古巴叛乱分子提供补给的大约 80 船货物中，只有一半在美国港口被拦截，仅有 4 艘在靠岸之前被西班牙海军拦截。

通过邮件搬弄是非

1944 年至 1945 年，在“二战”期间，中央情报局的前身——美国战略服务办公室开展了所谓的“玉米片行动”，目的是打击德国人的士气。这一战略包括向德国人发送虚假信件，信件中包含了反对希特勒政权的宣传，因为邮件是在早餐时间派送的，该行动便因此而得名。利用对邮政专用火车的空袭行动，其他飞机在火车残骸附近撒满虚假信件，其目的是让这些信件随后被收集，并被当作真信件派发出去。

美国战略服务办公室从有德国邮政工作经验的纳粹囚犯那里收集有关信息，还从流亡者那里和德国电话簿中收集数据。通过这些方式，美国特工能够确定德国 200 万名居民的地址。为了达到宣传目的和心理效果，他们在信封内装进颠覆性的材料，信封外面印有希特勒面部的邮票图案被篡改成了头骨的形式，上面的政治性口号“德意志帝国”已经被改为“毁灭的帝国”。

这个行动因如下原因非常不成功。其一，战争阶段，德国一些地区的邮政部门运转极不规律。其二，由于战争，许多德国人不得不离开常住地。其三，因为信件没有回复地址，出于对柏林政府的忠诚或者因为害怕，大多数收到这些信件的人没打开信件就把它销毁了。其四，信封上的某些拼写错误提醒了德国邮政员工，德国情报部门最终成功阻止了该行动。

美国中央情报局在叙利亚的行动

根据中央情报局1983年9月14日的一份秘密文件，美国情报机构在两伊战争期间采取了许多行动，以反对叙利亚的阿萨德政权。因为叙利亚对美国在黎巴嫩和海湾地区的利益构成了威胁，尤其是因为叙利亚是伊拉克石油管道的缓冲区域，这对减少伊拉克的经济压力从而迫使伊朗结束战争是必要的。为了加强对阿萨德的胁迫，美国秘密地在伊拉克、以色列和土耳其精心策划军事威胁。

该文件还披露：因为叙利亚支持亚美尼亚的恐怖主义，支持土耳其库尔德边境的伊拉克库尔德人，支持在叙利亚北部活动的土耳其恐怖分子，所以，土耳其对叙利亚非常不满。美国利用这种不满情绪，让土耳其政府考虑对叙利亚北部的恐怖主义营地发动单方面军事行动。

该文件还详述了叙利亚如何直接干涉美国在中东的利益，因为叙利亚拒绝从黎巴嫩撤军，使得以色列继续占领该国南部。伊拉克—叙利亚石油管道[1]的关闭是导致伊拉克陷入金融灾难的主要因

① 这条800千米长的管道由苏联于1952年4月建造和开通，始于伊拉克的基尔库克油田，接入叙利亚海岸的巴尼亚斯。这是美国在2003年入侵伊拉克期间，遭受轰炸的首批目标之一，以剥夺萨达姆的重要收入来源。

素，加剧了海湾地区战争的国际化危险。该文件补充说，对阿萨德采取的外交手段又失败了，若希望维持在叙利亚的影响力，那么美国就必须通过威胁叙利亚领导人的地位和权力来实现这一目标，主要是军事威胁。

1986年7月30日，由“外国颠覆和不稳定中心”编写的题为《叙利亚：一场戏剧性政治变革地点》的中央情报局秘密文件，则提出了不同的方案，目的是将阿萨德总统赶下台并引起该国的其他根本变化。该报告已经预见到，政府对逊尼派反对者的轻微行为所采取的过度反应，可能引发重大骚乱，甚至会演变为内战。报告还提到，叙利亚阿拉维派统治的存在，有利于苏联的利益。但是若占多数的逊尼派获得政治控制权，那么苏联的地位将因其对阿拉维派政府的支持而大大受损。至于美国在叙利亚的利益，该文件指出，美国更希望叙利亚政府由逊尼派领导，并愿意保障来自西方的援助和投资。另外，该政府不大可能加剧与以色列的紧张关系。

该文最后警告：叙利亚境内可能存在逊尼派极端主义者夺取政权的风险，最终可能建立一个伊斯兰共和国，并增加对以色列的敌意，还会为恐怖主义团体提供支持和庇护，这些观点在当前仍然有效。多年来，美国一直试图促成叙利亚的政权更迭。根据维基解密中公布的消息，美国驻叙利亚大使馆于2006年12月13日向美国国务院和美国国家安全委员会发出级别为“秘密”的一份报告，该报告将叙利亚描述为经济稳定但是存在微弱反政府力量的国家。除了通过建清真寺和发展商业活动扩大影响力外，估计伊朗人还积极联络什叶派，并使逊尼派变得更贫穷。集中在叙利亚东北部和大马士革与阿勒颇的库尔德人也被视为可利用的弱点。

该文还提到，尽管叙利亚政府采取行动打击与基地组织有关的团体，但是以叙利亚为基地的极端主义分子有所增加。令人奇怪的是，该文建议将反对叙利亚政权的伊斯兰主义者边缘化，因为很难明确这些团体对叙利亚构成何种危险，尽管从长远来看，这些团体毫无疑问将成为主要威胁。该文建议，将上述弱点转化为干预叙利亚政府决策、颠覆叙利亚政府的机会，并让叙利亚政府为其错误付出代价。

美国在古巴创建了一个颠覆性的社交网络

美国政府破坏古巴稳定政局的最新战略之一是建立一种社会网络，促进古巴青年对哈瓦那政权的抗议。为此，2009 年，美国国际开发署被委托创建一个名为 ZunZuneo 的社交网络。

第一个目标是获取被选为目标的 50 万古巴公民的数据。这项工作被委托给一家与美国政府有关联的公司。为了维护假面目，其负责人向注册的人发送了有关足球或天气的信息，以及一些吸引年轻人的主题信息。为了迷惑古巴当局，美国政府通过外国机构和两家工具性公司的账户资助了这项操作，其中一家工具性公司在西班牙注册，另一家在开曼群岛注册。

社交网络的管理者还发起了一场宣传活动，并继续设计假广告，使 ZunZuneo 看起来像一个商业项目。不久，该网站在古巴青年人中流行起来，很多人渴望加入这个诱人的数字世界，它在短时间内拥有了成千上万的用户。但是那些使用它的人并不知道，美国政府未经他们的同意而存储了他们的个人数据。通过这种方式，情报专家分析了用户的性别和年龄，并根据他们与政权的关系将其分为五类。当该社交网络拥有了 4 万用户时，卡斯特罗对它产生怀疑，并多次试图获取相关信息。最后，鉴于古巴政府对该网络的不信任，其负责人于 2012 年 9 月关闭了该网络。

美国如何在敌对国家挑动是非

巴西历史学家、外交政策和国际关系专家路易斯·阿尔伯特·莫尼兹·班德伊拉，对美国政府如何将自己的意志强加给反对其利益的国家进行了独特的分析。由于迫切渴望统治全球，美国会采取一切必要手段来对付任何拒绝屈服于其意志的国家，无论这个国家在欧洲、美洲还是地球上的其他任何地方，也无论其政府的政治派别如何。

莫尼兹认为，美国政府比以往任何时候都更加坚定地想迫使各国走自己划定的路线。他指出，处于衰退时期的霸权势力比扩张阶段更为危险。为了控制“偏离轨道”的国家，美国政府会利用其情报部门、非政府组织和基金会开展心理战，以动摇和推翻那些敢于与自己作对的政府。在所使用的众多战略中，一个重要战略是利用和放大所有国家内部都存在的不满，以制造不稳定和混乱。可能的话，还会制造一种印象，使人们相信这些混乱是自发的和善意的，从而避免产生任何对外界操纵的怀疑。如果最终实现了政府更迭，特别是通过大众需求和民主原则实现的，那么美国就成功了。为了颠覆既定秩序，美国会充分利用媒体、互联网和社交网络，并操纵舆论，促使该国民众发动示威游行，反对该国政府。

莫尼兹表示，为了推翻反对美国的政府并控制其政权，美国正式使用了“政治挑战”一词。其主要内容包括行动规划和民众动员，以攻击敌视和反对美国的国家。从这个角度看，可能不止一个国家正在遭受这种“政治挑战”。

将语言用作搬弄是非的工具

语言常被用来引发分歧，既被用在民族主义和分裂主义的过程中，也被用在战争中。例如，在前南斯拉夫境内，当时的官方语言是塞尔维亚—克罗地亚语，人们对这种语言进行加工，以产生各种不同的语言。因此，波斯尼亚的三个民族，各自讲不同的语言。通过这种方式，本应该作为社会元素的语言多样性，成了政治家追逐权力的工具。

语言多样性可以转变为具有分裂倾向的对抗，在许多情况下，这种对抗已经演变为暴力事件。正如历史多次展示的那样，很容易变成一种螺旋，除非这个螺旋最薄弱的部分被完全毁坏，否则很难逃离。语言所具有的统一或分离作用，甚至比种族或宗教更强大。

网络空间的是非

网络空间被越来越多地用来影响对手的心理，甚至是影响理论上的盟友，最终目的是操纵对手的民众并使其忠于自己。这就是欧洲地缘政治分析权威安赫尔·戈麦斯·德阿格莱达上校所说的“基于感情的行动”。当前的现实导致控制人们的思想成了重心，其手段包括通过信息操作和心理战影响对手的决定能力、信念和意志、价值观等。简而言之，现在，心理效应比物理效应更重要，屏幕的力量赛过一个装甲师。因此，网络空间已经成为现代战场，成为行动的优先战区。

传播虚假信息的典范

2017 年 3 月 30 日，托马斯·里德向美国参议院情报委员会提交了一份关于俄罗斯将在美国开展信息行动的报告。这些行动是半隐蔽的或隐蔽的情报行动，旨在影响对手的政治决策。

上述报告引用了前联邦德国国家安全部负责此类行动的第十局局

长罗尔夫·瓦根布雷斯上校对传播虚假信息的描述。作为这一领域的专家，瓦根布雷斯说："对于强大的对手，只能通过有条不紊、细致的努力，利用其劣势和该国精英的弱点击败他们。"里德补充道："实践证明，最有效的方法是利用对手的弱点来击败他们，一定要放大现有的弱点，因为社会越分化，就越容易受到伤害。"

里德认为，国家间第一次大规模的网络间谍活动始于 1998 年下半年美国政府所谓的"月光迷宫攻击"。自 2015 年以来，越来越多的间谍活动采取了新的技术方案。2015 年 5 月和 6 月，发生了名为"沙特电缆"首次公开的虚假信息操作，目的是为了试验新的战略。它先攻击目标、盗取材料，然后在伪旗下创建特定过滤网页，最后将文件提供给维基解密，以进行伪装及广泛传播。

20．利用宗教

没有宗教，怎能在一个国家里维持秩序？宗教是让平民安静的绝佳方式。

——拿破仑·波拿巴

人类天生能够被形而上学所吸引，这种形而上学在历史上一直被滥用。戈培尔——一个令人毛骨悚然的人物，认识到了操纵的奥秘，他意识到宗教可能是影响地缘政治的重要因素。他说："必须承认神秘主义者的植物化倾向是存在的。不利用它将是愚蠢的。"

在 19 世纪末，法国社会学家古斯塔夫·勒庞对人类的群体行为进行了研究。他认为，一个人在群体中行动时失去了知识水平，他的情感会更加激烈。因此，一个人或一群人，因为共同利益、信念或者两者的结合而产生某种共同的感受也就不足为奇了。这些感受包括爱情、仇恨、依附、奉献、恐惧、好奇等，它总能够对大部分人群产生巨大影响。这些感受中的一个重点，便是宗教热情。

宗教战争的背后往往是政治或经济权力的斗争，领导人利用这种宗教热情来怂恿民众为自己服务。正如基辛格所说，宗教在为地缘政治目的服务时就是“武器”。

政治对宗教的操纵并不是什么新鲜事。从古罗马时代到现在，宗教已无数次被用作对某些国家或团体采取行动的借口，这些国家或团体或多或少影响了行动者的政治或经济利益。此外，宗教也成为各种虐待行为、享乐主义者的避难所。正如历史所表明的，在新教改革之际的16世纪，许多封建领主皈依新教的唯一目的是接管天主教会的财产。

在“一战”期间，奥斯曼帝国的主要宗教领袖宣布发动圣战[①]，并指责俄国、法国和英国袭击哈里发的意图是消灭伊斯兰教，宣称所有国家的穆罕默德传人——包括处于英国、法国或俄国统治下的传人，具有利用自己的身体和财产进行圣战的宗教义务。事实上，正是奥斯曼帝国——一个统一伊斯兰世界的领导者，通过伪装成圣战的战争冲突向各个方向扩张。

宗教和地缘政治里有时会融入某种神圣信念，就像一个国家认为自己是被上帝选中的一样，今天的美国即是如此。在迈入这个千年之际，前巴勒斯坦外交部部长纳比勒·沙阿斯传出消息说美国第43任总统乔治·W. 布什已经决定根据上帝的命令在阿富汗进行大规模军事干预，稍后将在伊拉克进行大规模的军事干预。布什的立

① 在阿拉伯语中，“圣战（yihad）”一词是阳性的。不过西班牙皇家学院却将它与西班牙语的阴性名词“guerra santa（圣战）”联系在了一起。本书在以阴性形式提到圣战时，是指 guerra santa 的概念。

场并不令人惊讶，因为正如皮埃尔·M. 加洛伊斯所说的那样，艾森豪威尔将军于 1953 年曾宣布说命运赋予美国领导世界的责任。

领导人使用宗教政治法典来鼓励和动员民众，是非常有效的战略。马基雅维利强调，在部队中要保持对宗教的恐惧和尊重，士兵害怕受到人类的惩罚，也害怕受到上帝的惩罚，因而变得更加顺从。马朗什认为没有比高度积极的战士更好的武器了，没有什么比宗教狂热更能鼓舞战士。在这个背景下，认为永恒力量站在自己一边的人不会害怕死亡。

虽然近年来宗派冲突有所增加，但是宗派主义并不是中东分裂的主要原因，甚至从来都不是。尽管逊尼派与什叶派宗教的差异被用来证明和支持外部干预的合理性，但是也门的冲突本身并不是宗教冲突，而是因为两个地区领导大国——沙特阿拉伯和伊朗的地缘政治利益和愿望发生了冲突。

圣战作为战斗的驱动力

一切宗教都不过是支配日常生活的外部力量在人们头脑中的幻想的反映。在这种反映中，人间的力量采取了超人间的形式。

——恩格斯

阿拉伯语“圣战”一词的字面意思是“努力”，在伊斯兰教传统中这个词有宗教和军事的双重含义：其一，打击一个人的基本情绪，如生气或骄傲；其二，捍卫伊斯兰教免受外来侵略。这种双重意义在中世纪已经过时，根据对穆罕默德《圣训》的不同解释，人们建立了不同类型的圣战，例如：心的圣战、语言的圣战、金钱的圣战、剑的圣战等。

公元632年，穆罕默德去世，接替他的哈里发将圣战视为凝聚不同部落群体的一个因素。具体实践中，宗教情感包含着一种引导部落去战斗的方式，人们在战争中受到暗示，变成圣战者。激起宗教热情带来了实际的好处，信众增加，财富增加。所有这一切，加上对被征服者财产权的尊重等措施，确保了新学说的迅速传播。

从那以后，历史上多次发动圣战。19世纪末，当俄国人利用共同的基督徒身份，说服亚美尼亚人与自己一起同土耳其人作战时，土耳其人也利用穆斯林的团结意识对俄国人发动圣战。在“一战”开始时，奥斯曼帝国苏丹向盟军宣布圣战，目的是挑动法国的北非殖民地、英属印度殖民地和埃及殖民地以及俄国高加索和中亚的穆斯林人起义。

而在非洲，领导人为了控制穿越沙漠的交通线路而宣布圣战一事也司空见惯。他们通过这种方式鼓舞战士，使战士们相信自己是为信仰而战。在1809年的富拉尼圣战期间建立的索科托或富拉尼帝国的哈里发就是这样做的。还有人试图在波斯尼亚战争期间呼吁圣战，但是结果不佳，因为号召力度没有那么强。最近一个宣布全球圣战的是在叙利亚和伊拉克中产生的“伊斯兰国”，尽管已经设法吸引成千上万的战士加入其中，但是他们也并未取得所期望的成功。

圣战组织由领导者、宗教人士、知识分子、虔诚的资产阶级、弱势群体和狂热分子组成。如果用建造一幢大楼来比喻，那么领导者就是提供创意的人、工程的推动者。在宗教团体中，伊玛目负责传播思想，变成了黏合剂，将上层和大众联系在一起，就像建筑的广告商。乌里玛是决定什么符合宗教信仰的人，就像负责质量检查的人。知识分子阐释想法，使其具象化，并对其进行扩展，使普通人也能够理解，他们是建筑师。为了使建筑物变得坚固，资产阶级贡献了金钱，代表了建造者的形象。弱势群体是小工和泥瓦匠。最后，狂热分子是建筑物的管理员，负责最积极的行动。

知识分子由具有扎实的知识背景的人组成，其中许多是大学生。尽管这些大学生接受了培训并具有能力，他们并没有得到社会的认可，这就是他们感到沮丧的原因。对于他们来说，圣战成为促进社会阶层流动的方式。在突尼斯——一个有1000万人口的国家，竟有7000人加入了在叙利亚和伊拉克的“伊斯兰国”。据估计，被视为圣战者的人中40%有过大学学习经历。突尼斯年轻人的沮丧程度很高，他们认为自己无法获得与付出相匹配的回报。工作要么被精英垄断，要么报酬不高。

那些为工程提供资金和为工人提供避难所的人是虔诚的资产阶级成员。这些保守的中产阶级，受到意识形态的高度激励，并参与伊斯兰运动，部分原因是他们担心西方的价值观正在侵蚀他们的社会。

武装的基础是弱势群体。他们是施工的主体，是使建筑物最终成形的泥瓦匠和技术人员。他们被剥夺权利、没有未来、不受国家保护。招募工作旨在激励他们开展斗争，反对不公正和压迫，争取社会变革，建立新秩序，摆脱悲惨生活。他们的边缘化或对边缘化的感觉导致他们探索其他方式，来为自己的生活赋予意义，但是生活往往是偏离轨道的。因此，这种阶级斗争、政治社会革命和宗教热情的混合使他们准备好被召唤。

这种情况不只伊斯兰国家有，在欧洲一些大城市的郊区也时有发生。虽然社会援助已经非常慷慨，但是仍有成千上万的年轻人把自己视为流浪者，感到沮丧，感觉自己脱离了社会——一个接纳了他们的祖父母、父母以及他们自己，却没有给他们身份认同的社会。因此，他们容易被利用，被纳入以宗教目标为幌子的政治行动。他们完全相信所做事业的正义性，他们认为必须不惜一切代价捍卫他们的宗教，即使是献出生命。对他们来说，信仰已成为其存在的最重要意义。

基督教圣战

有上帝的时候，就是一切都被允许的时候。

——拉法尔·桑切斯·菲尔里希奥

从 11 世纪末到 13 世纪末发生的八次宗教战争，虽然都由宗教问题引发，但都有政治、社会和经济因素。封建领主利用宗教热情，促使成千上万的人联合打击异教徒和破坏教皇利益的其他团体，并试图开辟与东方进行商品交易的新的贸易路线。除了信仰及对名誉和荣耀的渴望之外，参加宗教战争的西欧领主和骑士也受到了经济利益的驱使，他们尤其想通过获得财富和土地来提高其社会地位。故事里那些骑士虽然是顶盔掼甲的，但是大部分人都是社会地位非常低的人。

神秘的军事冒险始于伊斯兰教创立之初不断扩张的几年，穆斯林在 638 年控制了耶路撒冷。教皇格雷戈里六世发起了为前往圣地朝圣的基督徒提供援助的运动。他的继任者乌尔瓦诺二世在这个想法中又加入了一定的地缘政治内容，他不只是将这场运动作为对拜占庭皇帝的支持，还要让教皇完全保留对宗教的绝对领导。

乌尔瓦诺二世在攻陷耶路撒冷两周前就去世了，并未看到圣地落入自己军队的手中。他认为宗教激情和军事战术的巧妙结合带来了极好的结果。大马士革一位穆斯林神职人员也注意到了这种情况，预言叙利亚的任何一个城市都没有足够的力量来抵挡基督徒的冲击。他明白，抵御进攻的唯一方式是创立每个穆斯林都有义务参加的事业，一场捍卫领土和伊斯兰教的斗争，那就是圣战。之后的多年甚至随后几个世纪，人们多次以基督教信仰或穆斯林信仰的名义在圣地发生冲突。尽管有些人的宗教感情是真诚的，但是精神和物质利益都以伊斯兰圣战或基督教圣战的形式结合在一起。

宗教热情和武装战斗的结合催生了宗教骑士团——基督教的圣战者，一个代表是基督和所罗门圣殿的贫苦骑士团——圣殿骑士团。这种新的军事宗教骑士团需要一种学说，以消除那些以宗教名义拥抱十字的人们对于握紧刀剑的抵触。于是，正义战争的概念诞生了。

1128 年，鲍德温二世意识到在战斗中使用僧侣战士的优势，派雨果·德·帕英前往欧洲，号召人们加入僧侣队伍并为圣地筹集资金。圣殿骑士团首任团长雨果·德·帕英说，犯罪和内疚不在于行为，而在于意图。因此，为了复仇而夺走敌人的生命是犯罪，而为了精神的纯洁去这样做，就不是犯罪。随后，西多会修道院院长——克莱尔沃的圣伯纳德写了一部作品《新骑士颂》，成了圣殿骑士团理想的支柱。在这部作品中，圣伯纳德给出了圣战的道理和对异教徒使用暴力的理由："基督骑士凭良心去杀戮，并悄然死去。他去世时就得救了，因为他是为了基督而进行杀戮……他值得拥有无限的荣耀……把所有罪孽的生产者抛弃在主的城市之外，这些罪人梦想从基督徒那里抢夺他们藏在耶路撒冷的宝贵财富，梦想玷污圣城和占有上帝的圣所。"

时间流逝，穆斯林中出现了具有巨大宗教热情的领导人。这些领导人激励他们的部队从基督教异教徒手中夺取他们认为是伊斯兰教财产的任何土地。其中最主要的领导人是库尔德人萨拉丁·尤素夫，他以萨拉丁之名而闻名于东方和西方。对这位穆斯林领袖最具精神影响力的是努尔阿丁。在努尔阿丁统治叙利亚 30 多年间，将宗教信仰变得极端，认为对先知的模仿即使在最微不足道的细节中也应该适用。

他严格遵守信仰，使之成为一个有效的政治因素。他那夸张的奉献，赢得了普通民众的赞赏。奇怪的是，努尔阿丁的做法与乌尔瓦诺二世1095年号召光复圣地的做法并没有多大区别。

“一战”中的犹太人

宗教对穷人来说是真的，对智者来说是假的，对领导者来说是有用的。

——塞涅卡

1917年11月2日，英国外交大臣亚瑟·詹姆斯·贝尔福起草了一封致犹太族群在英国的代表——莱昂内尔·沃尔特·罗斯柴尔德男爵的信。通过这份被称为“贝尔福宣言”的文件，英国政府承诺在“一战”中期通过犹太复国主义运动鼓励在巴勒斯坦为犹太人建立一个“国家”。英国对犹太复国主义的这种慷慨表现有一个隐藏的目的。英国人相信，由于这份文件，居住在美国和俄国的众多犹太人会向各自的政府施加压力，要求其加强对欧洲战争的参与。

高加索北部

在近代史上，高加索北部的穆斯林多次受地缘政治利益的操纵。高加索在欧洲大陆的东南部，位于黑海和里海之间，是欧洲和亚洲之间的门户，其地缘战略的重要性非常突出。俄国对这一地区的争夺可以追溯到彼得大帝的时代。为了使奥斯曼帝国远离自己，彼得大帝在18世纪来到该地区。从这一刻起，强国利用宗教分歧在该地区谋求利益一直是该地区爆发冲突的根源所在。19世纪，奥斯曼帝国和英国利益之争加剧了东正教与伊斯兰教之间的冲突。对于伦敦来说，主要的利益是防止或至少阻碍俄国向地中海和印度洋以及波斯战略要地扩张，如果俄国实现了其目标，将对印度和欧洲之间的重要动脉构成严重威胁。对于奥斯曼帝国来说，高加索地区的完全伊斯兰化是其向东扩张的关键。

在“二战”期间，德国在该地区也有自己的利益，控制该地区能使其立即获得巴库的石油资源，并继续向伊朗扩张。由于伊朗的重要战略地位和丰富的能源储备，德国一直渴望占领伊朗。因此，柏林鼓励土耳其参加对高加索地区的占领。希特勒设计了一个实现高加索国家独立的计划，并且打算让这片土地的勇士与其并肩作战，这可以使其控制高加索的油井，并完成对英属印度的战略围攻（另一部分是由日本负责）。为此，德国的间谍部门策动高加索北部的穆斯林团体反对苏联，甚至设法让一些人加入了德国军队。

苏联担心发生全面叛乱，决定将高加索北部至少 150 万名穆斯林驱逐到中亚，甚至还驱逐了红军中绝大多数的高加索北部穆斯林。成千上万的男子、妇女和儿童被驱逐，至少有一半在路上死于斑疹伤寒。尽管赫鲁晓夫在 1956 年允许他们回到自己的家乡，但高加索北部穆斯林对俄罗斯的仇恨植根于灵魂深处。

今天，这个地区仍然是一个世界性的火药桶。经济和地缘战略因素使俄罗斯和美国都认为该地区是战略要地。不仅因为它处在欧洲和亚洲之间，还因为它富含碳氢化合物和铀矿床。长期以来，俄罗斯一直怀疑美国会利用这个地区的不稳定性来阻止其向南扩张。失去对该地区的控制，将使俄罗斯面临一些主要能源供应被切断的危险。考虑到这一点，俄罗斯公开指责亲西方的格鲁吉亚支持一些与俄罗斯对抗的高加索北部穆斯林群体。俄罗斯甚至无条件地为伊朗的核发展提供支持，可能也是因为担心一旦撤回支持，伊朗将支持高加索北部地区的圣战者，尽管伊朗至今还没有采取这种做法。

纳粹德国对伊斯兰教的利用

我们有足够的宗教理由互相仇恨，我们没有足够的宗教理由互相热爱。

——乔纳森·斯威夫特

在“二战”期间，第三帝国想要博得伊斯兰世界，特别是阿拉伯人的同情，承诺如果阿拉伯人与德国一起反对盟军，将帮助他们从法国和英国等大国的殖民统治下独立。德国在与苏联开战之后，也向高加索等地区作出了帮助其独立的承诺，使他们加入对抗苏联的斗争中。

训练穆斯林志愿者组成部队的想法来自党卫军头子海因里希·希姆莱。一些历史学家认为，希姆莱这样做并不完全基于纯粹的战略原因，他自己也倾向于伊斯兰教。德军中的穆斯林部队特别引人注目。845德国-阿拉伯步兵营就是其中一个，该部队起源于1943年1月建立的德国-阿拉伯部队指挥部（德语缩写为KODAT）。它由两个突尼斯营、一个阿尔及利亚营和一个摩洛哥营组成，并由德国军官和士官指挥。这支有3000多名士兵的穆斯林队伍得到了耶路撒冷大穆夫提的批准。德军在北非战役中失败后，该队伍被迫进入意大利避难。进入意大利领土后，改编为上述的845营。这支队伍最初有600人，来自不同的伊斯兰国家。包括居住在法国的阿拉伯移民及叙利亚、伊拉克、埃及、约旦和巴勒斯坦的志愿者，他们组成的第二营加入了845营。

由穆斯林组成的德国部队中最著名的是党卫军第十三“弯刀”武装山地师。它属于武装党卫队，于1943年2月创建，由来自波斯尼亚和黑塞哥维那以及克罗地亚的穆斯林志愿者组成。其主要任务是与后来成为南斯拉夫国家首脑的铁托领导下的游击队进行战斗。几个月后，一支拥有两万多兵力的部队建成了，其士兵们都佩戴一个绿色的土耳其帽，每个营都配有一个阿訇，每个团配有一个毛拉。

1944年，德国人在巴尔干地区建立了另一个由穆斯林组成的师。该师由阿尔巴尼亚人组成，称为斯坎德培师。德军于1941年进入苏联后，高加索地区的穆斯林也被纳粹用作进攻力量。当年12月，他们开始用从苏联手中解放出来的穆斯林战俘组成部队。同样，用克里米亚鞑靼人和伏尔加鞑靼人，以及其他来自中亚的穆斯林创建了部队。

德国用苏联控制地区的穆斯林组建部队的目的之一是试图让土耳其加入德国一方，对于实现控制中东和高加索所需油井的目标来说，这将是一个巨大的优势。事实上，在1942年，德国军队发动了以夺取高加索油田为目标的"蓝色行动"，但是因缺少部队使得最初的成功没有得到巩固。而土耳其则保持了含糊不清的中立立场。1939年10月，土耳其与英法两国签署了互助协议。但是当希特勒的军事进攻看起来不可阻挡时，土耳其人开始接近德国人，这种关系深深地扰乱了盟军。1945年3月，当德国的失败开始变得明显和迫在眉睫时，土耳其向德国和日本宣战。

希特勒的军队中有犹太人

虽然有些矛盾，但是一些历史学家声称，"二战"期间约有15万犹太人在德国武装部队服役。这些士兵大多数都不是"纯粹的"犹太人，只是混血家庭的后代。1940年4月8日，政府免除了这些半犹太人在国防军中服役的义务，入伍的人都是自愿的，甚至接受过长时间的调查。据估计，这些犹太人中有大约3万人因战争中的表现被授勋，大约有两万人获得晋升，有人甚至成为将军。最突出的案例是在1974年至1982年担任德意志联邦共和国总理的赫尔穆特·施密特，尽管其有四分之一的犹太血统，却曾获得过一等中尉的军衔。

以信仰的名义

争夺权力的斗争并非是为了捍卫价值观；相反，价值观被用来为获得权力而服务。

—— 尼古拉斯 · J. 斯皮克曼

把宗教作为战争武器或利用宗教为某一行为辩护是一种常用的做法。狂热的宗教人士努力去说服其信徒，并不意味着其与信徒的真正利益相同，甚至他们的真正利益通常与宗教信仰毫不相关。其隐藏的目标主要是政治、经济方面的内容，而这些内容往往隐藏在令人眼花缭乱的信仰之中。

历史表明，许多精英利用宗教热情为自己谋利。对于大多数人而言，宗教热情更多地取决于感性因素，而不是理性因素，而这种感性因素往往又不是很正确。普通人的宗教情感已经被用作实现地缘政治目的的推动力。或许，唯一的安慰就是本杰明 · 富兰克林的话："如果有了宗教，人类还如此邪恶，那么没有宗教会怎么样呢？"

21．万事留余地

与敌人和解的大门总是敞开的。

—— 巴尔塔沙 · 葛拉西安

在《用兵之道》中，马基雅维利警告说，永远不要让敌人绝望，因为这将使敌人变得无法预测和更加危险。没有比在洞穴底部、走投无路的熊更危险的敌人，因为绝望会激起它的潜力。正如中国古代军事家孙武所建议的那样：“围师贵阙，穷寇勿迫，此用兵之法也。”这种情况发生在各国民众身上，当除了死亡之外没有别的出路时，他们的决心和力量会增强。这同样适用于国际关系和地缘政治。

所有这一切给我们带来了关于网开一面的战略格言：我们必须始终向对手敞开大门，以免把他逼到完全绝望的极端。

诺尔巴往事

诺尔巴建于公元前 5 世纪，能够俯瞰庞廷沼泽区。由于这个城市与沃尔西人的土地相邻，战略位置重要，罗马在公元前 492 年对该城市殖民。在沃尔西人战败并与罗马对抗多年后，诺尔巴遭遇了一系列的战争，战争持续了 150 年，被称为“拉丁战争”。后来，罗马共和国的内战期间所发生的一切导致了诺尔巴的终结。希望成为独裁者的罗马将军西拉率领超过 4 万人的军队进入意大利半岛。那时，诺尔巴人民对其他被征服城市的命运已有耳闻：居民解除武装后被分尸，城市被移交给了掠夺者。面对敌人的残暴行径，尚未陷落的城市顽强抵抗。诺尔巴因其结局而闻名于世。

在没有替代方案的情况下，当西拉的部队闯入这个城市时，市民自杀或互杀，以避免落入敌人手中。随后他们还将这座城市烧成灰烬，避免敌人获得战利品或展开报复。最后，尽管西拉努力重建这座城市，但是它已经失去了战略意义，被普利尼奥长老认定为一个已经消失的城市。如果侵略者能够网开一面，也许这个城市会投降，其战略价值就能得以保留。当然，让它以有尊严的方式失败，效果会更好。就像罗马征服者在其他城市所做的一样，如果被侵略者主动投降，罗马就会给予他们权利，留下土地，以保证他们能够提供贡品和士兵。

努曼西亚——卓越的历史榜样

如果罗马领导人在公元前 4 世纪读过中国的《孙子兵法》，肯定不会迫使伊比利亚城市努曼西亚顽强抵抗。《孙子兵法》建议，不要攻击绝望的敌人，而应该为其留下一条生路。后来，“努曼西亚抵抗”被用来形容处于危险境地却决绝抵抗的人。

在距离现在的索里亚市几千米远的塞尔梯贝里亚市所发生的事情，在今天仍然值得借鉴。公元前 133 年的夏天，小西庇阿——普布利乌斯·科尔内利乌斯·西庇阿·埃米利安努斯所统帅的罗马军队围攻这座城市，这个城市的居民宁可自杀也不投降。这些勇敢的塞尔梯贝里亚人和罗马人之间的冲突由来已久。罗马人 20 年中多次进攻这个城市，但是都被当地人击退。伟大的罗马共和国渴望结束这种屈辱，罗马元老院便决定摧毁这个无礼的城镇。首先，他们用各种障碍物把这个城市围起来，如坑、塔、栅栏和大堤。他们修建了又高又厚、长约 10 千米的城墙，每 30 米设置一个塔楼，配备弩弓和弹射器，由弓箭手和投石手看守。罗马人希望像以前无数次发生的那样，受围困的居民被饥饿和疾病折磨，很快就会祈求怜悯。但是，当罗马人看到努曼西亚人宁可集体自杀也不投降时，惊得都不敢相信自己的眼睛。努曼西亚人和村庄一起走向毁灭，只剩下了灰烬。

西庇阿能够享受到的，不过是以胜利者的姿态押着被俘的 50 多名努曼西亚人走过罗马的街道。但是从那一刻起，努曼西亚的名字已经在历史书上被铭记。

地缘政治的“逃生阀”

在复杂的国际舞台上，应该有调节国家冲突的“逃生阀”，这样就可以防止紧张局势的加剧。典型例子是冷战期间的代理人战争或仆从国战争。它是指两个或多个国家间接利用第三方对抗，从而避免直接对抗，主要是通过私人团体、雇佣军或间谍进行的。冷战时期，许多国家都利用了这种代理人战争。这种情况发生在朝鲜战争和越南战争中，美国和苏联各支持一方，向他们提供资源，以便在内战中获胜，尽管后面隐藏了两国争夺世界霸权的地缘政治企图。

代理人战争避免了两个可以毁灭对方的核国家之间的直接对抗，进而避免了毁灭性世界大战的爆发。

22. “好好先生”

夸人总比骂人强。

——西班牙谚语

好好先生战略是指所做之事不仅符合共同利益或社会期待，还能维护自己的利益而不使他人产生疑虑、控制而不引起反对、征服，不造成局面紧张。这个战略非常有效，可以迷惑对手，以最狡猾的方式，实现自身利益。

好好先生很像变色龙，它知道如何伪装。在武力方面，好好先生战略很被动，不直接对暴力做出反应，但这是一种积极的不反应战略，因为应用这种战略的人能够继续实现其计划，运用智力手段解除强大对手的武装。

原则上，对于那些没有任何其他办法或没有足够能力的人来说，好好先生战略似乎是恰当的。但是，这种战略有时不会成功，因为需要很长的过渡期。最重要的是，我们永远不要忘记，没有比放火的恶魔更糟糕的恶魔。

软实力

约瑟夫·奈在 20 世纪 80 年代后期提出“软实力”这个概念，指一个国家不诉诸武力便能说服别国为自己做事的能力。这位美国地缘政治学家于 2004 年重新提出这一想法，并将其应用于“9·11”事件后的美国外交。奈认为，如果想要强迫别国改变长期偏好和态度，各国就必须将软实力和硬实力结合起来。

在企业、基金会、大学和其他民间机构的帮助下，美国将其价值观和世界观输出到世界其他地方。美国的电影产品在各大洲备受欢迎，美国的故事和美国人的生活方式影响了其他人。正如奈所说，美国既注重赢得战争，也注重征服思想和心灵。基辛格也曾说过：“无论多么巧妙的外交政策，如果只是诞生于少数人的头脑中，那么它既不会成功，也不会进入任何人的心里。”

美国的野心

根据巴西历史学家莫尼兹·班德伊拉的说法，自柏林墙倒塌和苏联解体以来的历届美国总统，无论属于哪个政党，都只考虑一个目标：对世界的全面统治。其思想基础是，美国有义务在全球宣扬民主、基本自由和人权，必要时甚至可以违背接受者的意愿，并用血与火来实现这一目标。

这种救世主观点使白宫的主人毫不怀疑美国在拯救世界、保障世界和平与安全方面扮演着不可或缺的角色，以为自己是在履行命运赋予它的神圣使命。莫尼兹所述与基辛格一致，基辛格说："美国的使命是在必要时通过使用武力来实现民主。"这句话并不缺乏论据，美国自 1776 年诞生以来，只有 21 年没有参与任何战争。

在大肆宣扬的利他主义外表背后，隐藏着美国的经济利益需求和根深蒂固的地缘政治野心。无论总统是温和的还是严厉的，他的背后总是站着占主导地位的经济精英。莫尼兹指出，精英们利用金融业、军事工业集团、情报机构、巨大财富家族、强大的宗教势力以及包括能源公司在内的跨国公司等赋予他们的权力，促成了历届政府的重大的世界性决策。

莫尼兹说，每当华盛顿挥舞自由和民主的旗帜，介入世界事务时，其目的都是继续保持其在地球上的主导地位，而结果总是一样的：混乱、暴力、破坏和灾难。

美国对陆、海、空、太空和网络空间的总体控制政策始于克林顿政府所实施的"美国新世纪计划"，其主要目标之一是扩大北约。乔治·W. 布什在全球反恐战争的背景下推动这项计划，奥巴马通过参与所谓的"阿拉伯之春"行动以及对利比亚的袭击继续这项计划。

奥巴马的 8 年任期形象地诠释了"好好先生战略"。作为第一位入主白宫的非洲裔美国人，一场全球性的媒体宣传活动为他打造了友善、谦虚和宽容的人物形象，不仅修复了其前任布什对美国声望所造成的损害，还掩盖了前几任美国总统的霸权主义倾向。莫尼兹回忆说，奥巴马虽将"永久战争"修改为"国外应急行动"，但行事方式不变，甚至更加恶毒。在许多情况下，它的行动是隐蔽的，例如使用特种作战部队或无人机进行袭击。更何况，美国不仅在阿富汗、伊拉克和叙利亚投下成千上万枚炸弹，还向沙特阿拉伯出售大量的武器。

在 2015 年，调查新闻局编写的一份报告估计，自前一年起，仅在巴基斯坦境内就发生了 414 次无人机袭击，其中“被消灭目标”的人数是 2445—3945 名。这些人中，421—960 个“目标”是平民，其中还包括 172—207 名未成年人。据说，美国政府将在无人机袭击地区遇害的所有男性都称为“战斗人员”。

23. 创造需要

毫无疑问，伊拉克政权仍然拥有有史以来最致命的武器。

——乔治 · W. 布什

当某人拥有或者可以轻松获取一个东西时，激发别人对这个东西的需求，可能是最好的获利方式。在市场经济中，营销者要分析消费者的行为，确定他们的需求，并制定涵盖这些需求的战略，从而吸引顾客，并使其成为老顾客。当这些需求不存在时，要创造需求。事实上，最受赞赏的营销大师是那些在客户还没有提出需求之前就开发产品的人。地缘政治也是如此。

根据马斯洛需求理论，当人类最基本的需求得到满足后，就会发展另一种更高层次的需求。这可以扩展到国际舞台。当一个国家有或多或少的紧迫性需求时，如果另一个国家可以识别并利用这些需求，甚至促进需求的增加，就能为自己谋利。例如，一个国家，无论多么仁慈和平和，都必须保护自己免受潜在敌人的侵害。同时，总会有一个军火工业发达的国家，愿意主动为其提供军火。如果前者并不特别相信自己有这种需要，后者就会发出警告或暗示，促使其扩张军备。

艾略特 · 温伯格收集了一些信息，说明为了说服公众相信入侵伊拉克的必要性和紧迫性，美国政府是如何编造数据的。温伯格认为，来自尼日尔的浓缩氧化铀问题是一个骗局。据说，发现的物质不能用于制造核武器，移动生物实验室实际上生产了用于气象气球的氦气，无人机舰队只包括一个不起作用的巨大模型，萨达姆没有自己的地下掩体迷宫……最可笑的是，2001 年至 2005 年，美国国务卿科林·鲍威尔的“可靠信息”的主要来源是 10 年前一位研究生撰写的一篇分析文章。

这里，我们有必要回顾一下军火工业在美国的重要性。根据美国国会研究服务处的一项研究，仅在 2015 年，美国就售出了 460 亿美元的武器。五角大楼证实，2016 年的军售保持了同等水平（给出的数字是将近 340 亿美元，但是没有包含向科威特、卡塔尔和巴林销售的其他 70 亿美元，由于预算的原因，它们都包含在 2017 年的项目中）。仅奥巴马政府执政的 8 年间，就批准出售了超过 2780 亿美元的武器，比布什任内多出一倍多。这些武器中的大部分都以打击恐怖主义或保护自己免受来自伊朗意外攻击的名义销往中东国家。事实上，根据斯德哥尔摩国际和平研究所的研究，在 2012 年至 2016 年，购买武器的主力是沙特阿拉伯（据估计，在奥巴马 8 年任期内，美国向其出售了约 1200 亿美元的武器装备）、阿拉伯联合酋长国和土耳其。2017 年 5 月，特朗普紧随前任总统的脚步，向沙特出售了价值 1100 亿美元的武器。一个月后，在海湾危机中，他卖给卡塔尔 36 架 F-15 战斗机，价值 120 亿美元。在向中东盟国出售武器的同时，白宫利用伊朗和沙特阿拉伯之间争夺地区霸权的斗争，加强了对可能攻击美国的人的封锁和孤立。

主流政治话语倡导和平与进步性裁军，但是当人们知道仅仅美国每年就有数百亿美元军售时，这种政治话语就显得空洞极了。虽然一些国家的领导人在国际论坛上倡导和平，但是这些国家的国防预算却在增加。在目前正在进行的任何冲突中使用武器，是宣传军事产品优点的最好方式，叙利亚成了新设备的试验场。

这种创造需要的战略，清楚地表明经济利益如何影响国际政治。毕竟，这些几乎具有无限生产能力的大国，明白大规模的生产依赖于大规模的消费。无论多么令人难过，战争一直是一个带来“繁荣”的事业。

24. “疯子”

改变你的行为，这让其他人感到困惑，尤其是你的竞争对手。

——巴尔塔沙·葛拉西安

历史上，许多著名人物都采用了近乎疯狂的伎俩摆脱困境或达到目的。如今，许多人都采用这种战略，以便在不利的环境中取得成功。这应用了道家的原则，该原则认为任何人都不想要缺乏价值和效用的物品。许多社会学实验证明了这个原则的有效性。例如，将相同的物品遗弃在街道上，但是在某些情况下标明其购买价格，而在其他情况下不标。大多数情况下，只有当人们认为他们可以拥有超出内在价值的经济价值时，才会拿走这个物品。这个战略同样也可以应用于地缘政治领域。

“疯子”尼克松

正如尼克松和基辛格所说，疯子战略是这位美国总统在冷战背景下的外交政策的一个特征，其目的是结束越南战争。这种战略依赖于他所拥有的庞大核武库。他不得不采取不规则和令人不安的行动，以便让世界上其他国家相信他疯狂至极，甚至有可能使用核武器。换句话说，就是为了吓唬其他国家的领导人，使他们别无选择地顺从美国总统的意愿。

在 1968 年的总统竞选期间，尼克松承诺结束越南战争。但是他担任总统一年后，战争仍在继续，苏联支持的北越与美国支持的南越没有达成任何和平协议的迹象。因此，尼克松决定使用他的秘密武器，即疯子战略。媒体散布谣言，说他是一个激进暴力的反共产主义者，他不怕按下核按钮。这种形象是由尼克松本人和他的国家安全顾问基辛格精心雕琢而成的，关于他精神状态不佳的谣言也是两人的共同杰作。

在基辛格的学术文章里，这个战略自 20 世纪 50 年代中期就已经随着核武器军备竞赛流传开来。1972 年 4 月 19 日，尼克松告诉基辛格，希望由他向苏联领导人传达信息。根据五角大楼的文件和白宫的录音带，当天下午，这位国务卿在苏联驻美国大使的陪同下飞往莫斯科。飞行期间，基辛格和尼克松进行了电话通话，被苏联大使听到。在电话中，美国总统威胁说，如有必要，将轰炸北越。他想让苏联人相信他能胜任一切，基辛格也是这样传达信息的，并呼吁苏联人和他一起阻止尼克松的“疯狂”。

内阁负责人哈里·罗宾斯·霍尔德曼描述了尼克松对这一战略的骄傲。他解释了尼克松如何让北越人相信，他已经准备好采取一切行动来结束战争，并认为胡志明会屈服于美国。但是北越人更精明，并已做好牺牲的准备，没有落入陷阱里。其间，双方互有昂贵和破坏性的军事行动，如 1972 年圣诞节的轰炸行动。在“后卫 II”行动中（12 月 18 日至 29 日，25 日除外），美国在越南北部（主要是河内）投下至少 20000 吨炸药。官方数据显示有 1600 名北越人丧生，但据估计，死亡人数不止这些。最后，1973 年 1 月 8 日，双方都坐在了巴黎的和平谈判桌旁。

特朗普是否采用了这种战略？

我们必须想方设法，使我们的每一项行动都能为我们提供伟大人物和优秀天才的名声。

——马基雅维利

2017 年 4 月 7 日，美国用从两艘驱逐舰发射的 59 枚战斧巡航导弹，袭击了叙利亚的沙伊拉特空军基地，理由是巴沙尔·阿萨德政权对叙利亚公民使用化学武器。前一天，特朗普多年来一直对叙利亚所保持的政治立场发生了 180 度的转变。美国总统之前多次在中东国家采取与军事干预相反的立场，也不愿意让美国人参与任何并不会直接对美国国家安全构成影响的任何冒险。

突然间，特朗普让世界大吃一惊，他没有事先与盟友商量，也没有对事实进行独立和客观的调查，就对一个主权国家发动突然袭击。除了地缘政治因素（与俄罗斯的竞争，制止伊朗在该地区的扩张，遏制什叶派集团对以色列的威胁）和内部政治利益（在选举过程中有关其与普京关系的争论，来自共和党内部和其他游说团体的压力），特朗普本可以使用疯子战略。那样的话，他就会表现出一种战略上的不可预测性，以便使其潜在对手处于一种焦虑状态。

目前，不确定的是，特朗普是否会履行他的承诺，使美国陷入某种孤立主义，或者恰恰相反，将会开始一个坚定的干涉主义阶段。但是毫无疑问，这种疯子战略将会让其获得惊喜，这是任何成功的地缘政治和军事行动必须满足的一个特点。

25. 协同作用

众所周知，共同努力的总和大于单独行事能够获得的结果，这被称为“协同作用”。在地缘政治领域，国家间的协同表现在永久性的或为特定时刻和特定情况而创立的联合体或联盟，如联合国、北约等，也包括为了共同利益而失去部分权力的联盟，例如欧盟。联盟的目的多种多样，包括维护和平与安全、相互防御、保持经济优势等。

超级大国也会被迫加入某些联合体，不过，加入条件是该联合体由它领导，就像美国一样。事实上，布热津斯基认为，美国的全球霸权主要得到了全球性联盟体系的支持。

有时，国家间的结合是相对不自然的，也就是说，成员具有意识形态差异，是共同敌人或共同利益促成了结合。基辛格举了一个例子：为对抗共同的对手——美国，伊朗与塔利班政权甚至基地组织之间达成的某种有限合作或默契。

伊朗伊斯兰革命的必要性被解释为允许逊尼派和什叶派分裂以外的合作以促进更广泛的反西方利益，包括向逊尼派的圣战组织——哈马斯提供武器以对抗以色列，根据一些分析家的说法，也包括与阿富汗塔利班的合作。基辛格补充说，一些报道表明，基地组织的特工也得到了伊朗的某些支持。

有时，联盟会受到一些强大的外部压力，这些压力来自某些国家或非国家力量。在“一战”前夕，俾斯麦认为中欧的一个潜在主导国家不断冒着风险，诱导所有其他国家加入联盟，就像18世纪反对路易十四和19世纪初反对拿破仑的联盟一样。在同一个欧洲，英国已经依靠针对共同敌人的军事联盟来反对试图统治该大陆的国家。

在当今高度复杂和不可预测的世界，由于面对气候变化、流行病、有组织犯罪等普遍威胁，各国对伙伴关系的需求正在增长，尽管伙伴关系总是暂时的。

26．“香槟杯”

如果你要组织派对，请确保你的仆人能够获得一些好处。

——儒勒·马札然

这里说的香槟杯，类似盖茨比的盛大派对上搭成大金字塔形的香槟杯，香槟从最上面的香槟杯一直流到最下面的香槟杯。如果所有客人的杯子都是满的，没有人会抱怨。在政治与国际关系中，都会发生同样的事情。香槟杯战略的核心思想在于分享，或使参与者相信，他们在分享权力、想法、文化和资源。记住，要让最底层的参与者也能感受到这种分享，以避免出现抗议和革命。

在社会中，如果最底层的人也能收到这种金黄色的液体，哪怕数量更少、温度更低，社会的金字塔才会保持稳定。确保利益惠及社会所有成员就足够了，这样会使民众对政府的总体满意度尽可能提高，从而促进社会和谐。

面包和马戏团

在古希腊，城市最富有的人为所有公民组织节日和宴会，以缓和阶级之间不平等的矛盾，这便是“面包和马戏团”思想的起源。它描述了为整个城市做好事的意愿。在罗马，“面包和马戏团”的应用是不同的，因为社会不依靠贵族公民的财富来生存，而是依靠征服。卡普兰得出的结论是，罗马帝国给予其国民自由是为了阻止他们反抗。皇帝想在国民当中保持声望，而皇帝和他的臣民之间的联系和交汇点在马戏团中体现出来。控制国民的一种方法是，让他们感到自己参与了大事，与他们分享品味、表演、财富、胜利等。因此，国民不会质疑阶级不平等、战争等问题。

事实上，“面包和马戏团”这一概念是由罗马诗人尤文纳构思的，每日的面包和频繁的角斗士游戏使人们感到高兴，并分散了对国内外政治的注意力，这将有效缓解国内矛盾。

今天仍然有许多“面包和马戏团”的例子，也有“人民鸦片”的例子。一些人将罗马帝国与美国社会进行比较：快餐、宣扬暴力的影视节目以及对战士的偶像崇拜，使大多数美国人不会怀疑军事干预和用来杀人的无人机的合理性。

没有香槟，石油也可以

说起金黄色的香槟，我想起了我们这个时代的液体黄金——石油。2005 年，沙特阿拉伯制订了一项计划，每年有 20 万名沙特阿拉伯人可以出国留学，所有费用都由国家用石油收入支付。该计划已经实施了十几年，但是由于原油价格下跌，沙特阿拉伯现在面临赤字问题。2011 年，科威特向每位公民提供 3500 美元，加剧了海湾富国与中东其他国家之间的差距。每个科威特公民都有权获得政府给予的房屋或婚后购买房屋的贷款，目前等待的人有几十万。当无法继续享有这一福利时，所有人都会认为液态黄金停留在了顶部，底层的杯子将是空的，口渴的饮酒者最终会摧毁整个玻璃杯金字塔。

27. “驴子和鞍子”

农夫可能清楚，有一些驴子总是撕咬和蹦跳，避免有人给它套上鞍子。一开始农夫用棍棒或胡萝卜让驴子屈服，但是过了一段时间，由于它们是如此固执，屈服变得不可能了。也许它们的叛逆、执着最终使它们避开驮货的负担，不过，因为无法为主人服务，它们也有可能被杀死，这是倔驴必须承担的风险。

另一些驴子则相反，它们很快就会接受鞍子。有些驴子将被爱抚和称赞，被主人称为最有效率的、最特别的、最勇敢的、最幸运的驴子。这个可怜的家伙永远不会放弃身上的负担。如果有一天，它累了、痛了或者老去了，想要摆脱沉重的行李，驴夫会指责它是一个忘恩负义的叛徒，会打它，让它老老实实地继续工作。即使它不反抗，当它不可避免地变得无用时，也会被送往屠宰场。尽管驴子曾经做过很多贡献，但是一旦它们提出抗议时，没有人会再喜欢它们，反而会非常讨厌它们，对它们的贡献更没有丝毫感谢。

军事的鞍子

没有经过意识形态培训的士兵是潜在的罪犯。

——托马斯·桑卡拉

完美的驴子不仅不会抗议，还会为鞍子给它带来的生活感到高兴。所有职业军人都是如此，他们相信自己的工作具有重大意义，必要时他们愿意为这个使命献出自己的生命。对于那些为保护同胞而选择军人职业的人，佩德罗·卡尔德隆·德·拉巴尔卡把他们的职业称为“诚实人的一种宗教”。这没有任何批评之意，如果存在批评之意，也是针对那些为了一己私利而发出命令的人。

许多军人通常忽略战争所隐藏的利益——首先是地缘政治利益和经济利益。这些利益与发动战争所用的口号几乎没有任何关系。

地缘政治的鞍子

在地缘政治层面上，一些进行军事冒险的国家也同样如此。这些冒险通常与这些国家和其人民的真正需要和利益没有多大关系，它们这样做只是为了取悦那些请求与它们合作的大国。尽管在某些情况下，这些军事行动更具象征性而非有效性。然而，对于这些国家来说，套上这些不必要的鞍子可能是一个可怕的负担，因为最终它们很可能把那些没有必要得罪的人变成自己的敌人。

今天，在世界各地与和平有关的行动或各种低强度冲突中，我们可以找到许多例子。这些例子给人的印象是，有些国家没有认真考虑它们在这些行动中的使命。这些行动只会让行动的发起者受益。

战争宣传

所有的战争宣传，所有的呐喊、谎言和仇恨，总是来自不参加战争的人。

——乔治·奥威尔

法国作家加布里埃尔·切瓦利耶在其自传体小说《恐惧》中，以极端的现实主义和严酷的态度描述了他和同伴作为士兵参加“一战”时所经历的艰辛。他们在战壕中痛苦得几乎无法生存，既害怕死亡，又期待命令。与此同时，那些利用权势逃避前线的人和那些从战争中获益的人，却拔高了战争的价值，并鼓励他们继续英勇战斗。切瓦利耶在介绍中评论：

在前线时，我还年轻，他们宣称战争是净化和救赎。而我们看到的事实是：黑市交易、谴责与背叛、枪击和酷刑、传染病和饥荒，当然，还有英雄主义。但是，占极小比例的英雄主义并不能拯救占极大比例的邪恶。另一方面，真正的英雄很少。

切瓦利耶痛苦地指出，人是愚蠢无知的，他们的痛苦来自于此。他们不喜欢独立思考，一味盲从。人类是温顺的羔羊，这使军队和战争成为可能。人类成了自己的愚蠢与谦卑的受害者。

战争是一场骗局

只有当富裕阶层认为战争对他们有利时，才会支持战争。

——乔治·奥威尔

美国人克里斯·赫奇斯是一位资深战地记者和普利策奖获得者。他在一篇题为《真正的敌人在内部》的文章中表示，我们最大的敌人是军国主义者和从战争中受益的人。他们把由种族主义衍生出来的恐惧作为废除公民自由、镇压不同政见者和扼杀民主的工具。战争只能使像洛克希德·马丁公司、雷神公司和诺斯罗普·格鲁曼公司这样的企业致富。军事力量的存在使得全球性大公司能够扩大市场，掠夺石油、矿产和其他自然资源，同时保持对人民的镇压，即使他们已经被腐朽和野蛮的政权榨干。美国将军史沫特莱·达林顿·巴特勒更能说出战争背后隐藏的真实情况。巴特勒将军从未当过普通士兵，时至今日仍然是美国海军陆战队历史上最年轻的少将和获得荣誉最高的军人。1935 年退役后，他发表了一场演说，后来变成了一本书——《战争是一个球拍》，也可译为《战争是一场骗局》。

这本书谴责了那些为了华尔街的利益而动用美国武装部队的行为，详细介绍了美国是如何干预拉丁美洲以满足美国主要公司利益的。这些公司利用纳税人所供养的军队，为自己谋利。巴特勒将军说道：

战争是一种欺诈行为。一直都是这样。战争可能是最古老的、最容易赚钱的，也肯定是最恶毒的。一些人在战争中获得了巨大的财富。在“一战”期间，在美国至少有21000人成为百万富翁或亿万富翁。这些百万富翁中有多少人曾背着步枪？他们中有多少人挖过一条战壕？有多少人知道在一个老鼠肆虐的庇护所中饥饿意味着什么？是否经历过诚惶诚恐地躲避手榴弹、弹片和机枪子弹的不眠之夜？有多少人挡住了敌人的刺刀？有多少人在战斗中受伤或死亡？……战争使战胜国获得更多领土。新领土立即被少数人占用，这些人也是利用战争的鲜血获得美元的人，而付出代价的人是人民。

在书中，巴特勒总结了自己的军事生涯和所忍受的“鞍子”：

我曾在美国武装部队最具战斗力的单位——海军陆战队中服役30年零4个月。我的感觉是，我像一个高素质的强盗，一直在为华尔街的大公司和银行家服务。总之，我一直是为资本主义服务的匪徒。通过这种方式，在1914年，我确保了美国在墨西哥特别是坦皮科的石油利益安全。在我的帮助下，美国将古巴变成了一个花旗银行可以在那里平静地攫取好处的国家。我为布朗兄弟哈里曼国际银行公司参加了1902年至1912年在尼加拉瓜的“清洁”活动。1916年，我为了美国的大制糖商，给多米尼加共和国送去了“文明”。1923年，为了美国水果公司的利益，我“整顿”了洪都拉斯的事务。1927年，在中国，我加强了标准石油的利益。我获得了奖章和晋升。但是当我望向未来时，我想我可以给阿尔·卡彭一些建议。他作为一名黑帮分子，在一个城市的 3 个地区开展活动。作为一名海军陆战队员，我在 3 个大洲开展活动。国旗跟着美元走，士兵们跟着国旗走。

毫无疑问，对于一个感到沮丧的英雄来说，这是痛苦而具有讽刺意味的话，因为他被操纵，为了与人们所说的荣誉和国家概念无关的目的而战斗。但是这些话语也是勇气的见证。巴特勒将军是一个独特的例子，很少有军人——哪怕是已经退休的军人——有勇气以这种方式进行表达，即使他们对战争的真正原因了然于胸。

为了避免被别人套上“鞍子”，一个人需要有个性、有自己的标准、有广泛的知识和一定的能力。不过，环境和社会压力有时候让人难以拒绝“鞍子”，甚至有人自愿被套上“鞍子”，为了他们眼中的幸福生活。

第五章　足以致命的错误：统治世界的教训

虽然几个世纪以来，我们一直在重复说："我们必须学习过去，以免重蹈覆辙，并创造更美好的未来。"但是，大家总是犯同样的错误，一次又一次地重犯那些古老的错误。

1. 忽视各国人民的特质

情报分析的基础是，绝不能根据犹太教和基督教的感性判断他人。

——亚历山大·德·马朗什

无论是进行商业合作还是战争，了解其他民族的文化传统、思维方式以及生活方式十分重要。在不了解一个民族特性的情况下与其开战是愚蠢的。作战之前，必须了解这个民族的历史、价值观、行为方式等。《孙子兵法》里讲："知彼知己，百战不殆；不知彼而知己，一胜一负；不知彼，不知己，每战必殆。"

迈克尔·霍华德认为，历史上的所有战争有一个共同因素，即作战方对战争的倾向。这种倾向有时仅限于统治精英阶层，有时会扩展到整体社会。有些人认为通过武装冲突解决问题是自然的、不可避免的和公平的。正如皮埃尔·塞文特所指出的那样，地域文化对人类行为有显著影响，每一个社会的观念受到其结构、文化和历史的影响。出于这个原因，即使全球化倾向于某种程度上的同质化，也不会出现两个以完全相同的方式思考和行事的民族。即使知道这一点，问题通常还是源自没有人有兴趣了解"他人"，包括了解和理解他们的心态、关注点和愿望。这种由于狂妄自大和资本罪孽而导致的对他人的不理解和蔑视，是那些已经摒弃了当前先进和进化标志的文化固有的特征，正如现在西方世界所发生的那样。

霍华德指出，尽管并不同情敌人，也应该去了解敌人的问题。这可以概括为冷漠的同情心，它意味着理解别人的立场，但自己不去捍卫或分享这些立场。这说起来容易，做起来难，因为不是所有国家或民族都会换位思考。

误解比比皆是

2003 年，在开始入侵伊拉克之前，大多数英美媒体认为，伊拉克人将用鲜花迎接英国和美国军队，抵抗也将会很快崩溃。

——索马斯·米尔恩

尽管历史提供了经验教训，但是在阿富汗、巴基斯坦、伊拉克和也门一再发生同样的错误。这些都是近年来系统性爆炸和无人机袭击激增的地方，为未来的几十年埋下了冲突的祸根。

在西方国家，人们普遍对东方特别是伊斯兰国家一无所知。根据佩德罗·赫兰兹的说法，在大多数问题上，东方人的视角与西方人不同。塔奇曼指出了同样的分化，他认为东方的语言习惯于隐藏实质内容，有时甚至没有实质内容。

马基雅维利在《君主论》中指出，即使拥有强大的军队，为了进入一个地区，统治者也必须始终得到其居民的支持，因此要了解这些居民的特性。他举了法国国王路易十二的一个例子。这位国王花了很短的时间征服米兰，而失去米兰也同样用了很短的时间，因为那些为他敞开大门的人在对他们的信念和未来的福祉感到失望之后，就不能再忍受这位新君主了。就像色诺芬所说的那样，人们会奋起反抗那些想要统治他们的人。

苏联人就没有充分重视阿富汗人民的特性。在阿富汗战争期间（1979—1989 年），苏联犯下的错误导致至少 15000 名士兵死亡（确切的数字仍然是国家秘密）。尽管以前从未在大战中遭遇失败，但是苏联却被装备较差和无组织的民兵击败了。

作为对“9·11”事件的回应，华盛顿决定对阿富汗进行军事干预，这是一种缺乏远见的表现。美国领导人应该更加关注好莱坞的一部电影《第一滴血 3》。这部电影于苏联从阿富汗撤军前的 1988 年上映。它颂扬了阿富汗战士反抗苏联入侵者的壮举。陶德曼上校的导师被苏联俘虏，越南老兵兰博去营救他。当陶德曼被苏联军官审问时，他对审讯他的人说：

“你们低估了你们的敌人；如果你们知道他们的历史，你们就知道，这些人从未向任何人投降过，他们宁愿死，也不愿被入侵的军队奴役；你们无法击败这样的人民。我们在越南犯过这样的错误，现在轮到你们了。”

这部由彼得·麦克唐纳执导的电影是为了“向阿富汗勇敢的圣战者”致敬。但是这种情况并不是唯一的。1985 年，美国总统里根在白宫椭圆形办公室会见了阿富汗圣战者，并公开表示：“这些绅士是像美国创始人一样的道德楷模。”事实上，这种表达方式虽然夸张，却是 1982 年所谓的将哥伦比亚航天飞机“奉献给为自由而勇敢战斗的阿富汗战士”的翻版。

一直被误解的普什图人

一个想复仇的人，总会阻止自己的伤口愈合。

——弗朗西斯·培根

普什图人目前有 4000 多万（阿富汗有 1380 万，巴基斯坦有 2660 万）。1893 年，当英国决定将杜兰德线作为阿富汗和英属印度分界线时，普什图人就被分在了两个国家。当时，在阿富汗有普什图、塔吉克、哈扎拉、乌兹别克和土库曼等民族，仅仅在普什图人当中就有60个不同的部落。后来，在这60个部落当中又产生了另外4个完全不同的部落。由于只有对家庭或民族负责的政治结构，这个组织一直为其独立感到自豪，这就是为什么各个部落从未接受在喀布尔所建立的政权。

普什图人有5个多世纪的历史，也有人认为希腊历史学家希罗多德在大约2500年前记录了他们的存在。这个传奇民族所遵循的法律，是他们口头流传的准则——普什图瓦里。该准则收集了他们社会中真正作为支柱的一些原则：melmastia，意味着热情好客的责任和对客人的保护；nanawati，意味着为逃犯提供庇护；badal，意味着对任何侮辱、盗窃财产、侵犯个人或家庭声誉以及伤害或杀害亲属的复仇。

大多数西方人都很难理解最后一个关于复仇的概念，尤其是在那些复仇行为不常见的国家。在天主教的传统中，人们几乎不可能理解复仇的意义。在这些社会中，当有人成为受害者时，无论多么严重，受害者被灌输的思想是宽恕，而不是复仇。

当一个普什图人认为自己是受害者时，特别是有近亲因此死亡时，无论需要多长时间，他都有义务报复。每当普什图营地遭到空袭或一群普什图人被无人机轰炸时，他们的家人就不得不对袭击国的士兵或公民进行报复。

英国作家奥尔德斯·赫胥黎曾这样说："现代战争以难以想象的速度和广度在进行最大程度的破坏，其所造成的不公正现象远远大于其所要修正的不公正现象……战争不会结束战争，在大多数情况下，它们会导致不公正的和平，这使得复仇战争会不可避免地爆发。"

不屈不挠的阿富汗人

其实，只要多阅读史书，就可以避免苏联人和美国人过去所犯的想要征服这些部落的错误。1897 年，丘吉尔去了阿富汗之后，描述了他对普什图人的印象，他的描述迄今适用，他描述道：

除了在收获的季节或当自我保护迫使他们暂时休战时，普什图族部落总是参与某些私人或公共的战争。每个人都是战士、政治家和神学家。每个大房子都是封建堡垒……每个村庄都有自己的防御能力。所有家庭、氏族、封地都在培养战斗能力。众多的部落和部落联盟都有要跟别人算的账。没有什么是会被遗忘的，没有什么债务可以被拖欠。

尽管如此，仍然有人想让这样一个不屈不挠的民族屈服，那些一次又一次这样做的人，只会被不屈不挠的阿富汗人民所组成的人墙击得粉碎。

彼得雷乌斯的教训

负责指挥美国第 101 空降师的大卫・霍威尔・彼得雷乌斯于 2003 年到达伊拉克。这位将军不仅是西点军校的校友，还凭借有关越南战争研究的论文在普林斯顿大学取得博士学位。初到伊拉克之时，他面对这样一个混乱和死亡交杂的国家似乎一点也不胆怯。他觉得自己有机会在摩苏尔施展所学到的关于非常规战争的一切知识。他的灵感来源于法国中尉大卫・加吕拉于 1964 年撰写的《反叛乱——理论与实践》一书。在研究了十年关于世界上一些国家的颠覆战术之后，加吕拉被分配到了阿尔及利亚。在那里，他创立了新的学说，并记录在自己的精彩论文中。彼得雷乌斯于 2006 年 12 月出版的有关美国反叛乱理论的新作，几乎完全基于加吕拉这本书。

2004年6月，当彼得雷乌斯担任伊拉克多国联军指挥官时，因指挥失误而臭名昭著。彼得雷乌斯将军回忆说，在加吕拉著作法语版本的序言中有一句话：直到最近，对于在国外的军事干预，是继续还是匆忙撤离，人们仍处于争论之中。但是加吕拉教导说，没有当地大多数人的无条件支持，就什么也做不了；没有一个被大多数人承认合法和尊重的政府，还是什么也做不了。

2008年10月31日，彼得雷乌斯担任驻扎在斯图加特的美国中央司令部的司令官时，恐怖主义者不断从与巴基斯坦交界的地区入境，与塔利班一起攻击人数较少的国际部队，阿富汗世界面临着越来越多的游击队攻势。彼得雷乌斯为自己设定的目标之一是赢得阿富汗人民的心灵和思想。这就是他曾在伊拉克用超过11亿的美元所做过的事情。他在阿富汗创建了一支人数超过10万的安全部队，重组了之前被解散的军队，并推动了无数的重建项目。这一切都是为了让阿富汗人负责自己的安全，并逐步将这项繁重的任务从多国部队的身上卸下来。

为了这个目标，美国必须明显改善当地人的生活质量并满足他们的需求。一个复杂的问题是，对于大多数阿富汗人民而言，自由主义或人权是他们的文化世界中几乎不存在的词汇。实现该目标需要很长的时间，也许需要投资建立一个可与传统伊斯兰学校、经学院相媲美的教育体系。

彼得雷乌斯并不是没有意识到，与伊拉克相比，阿富汗也许更加难以驾驭。伊拉克的大部分人口都是受过教育的，而且伊拉克具有许多现代元素，曾经建立过稳固的国家，具有维系国家的民族感情，还拥有丰富的石油储备。阿富汗人则是完全不同的——他们大多生活在中世纪，预期寿命仅为47岁，对部族和部落的忠诚度高于对国家的忠诚度，他们甚至没有国家和国境的概念。而且，阿富汗的领土比伊拉克领土大50%，更加险峻和荒凉；阿富汗的人口数量尽管与伊拉克相似，却更加分散和分裂；更不用说几乎不存在的通信渠道了。

彼得雷乌斯在阿富汗任职一年，尽管投入了巨大的人力和物力，还是留下了一个陷入混乱的国家。

马格里布是怎样的

费尔南多·奥斯瓦尔多·卡帕兹·蒙特斯上校于1931年写了《摩洛哥山地战争模式》一书，在书中讲述了他在20世纪初的里夫战争中的经历。他指出，马格里布人并不是卑鄙的敌人，不能贬低他们的价值。在许多情况下，他们作为真正穆斯林所特有的蔑视死亡的价值观应该被崇拜。这些人的勇气和坚韧是非凡的，他们耐心地等待敌人的撤退，追求获得新的勇气，并以一种不寻常的方式成长。他还将摩尔人（与西班牙接壤的非洲北部土著人）定义为狡猾的、有手腕的、善变的、一贯恶劣的。

这位西班牙军人提供的最好教训就是：蔑视对手并不是在战争中应该采用的战术，更多地了解对手可以避免更大的伤亡，赢得战争。

莱奥蒂——用学校和医院获胜的将军

法国将军休伯特·莱奥蒂给出了如何对待不同民族的一个积极范例。他率先尝试改善19世纪欧洲列强在世界所建立的军队与殖民地居民的关系。

在北非，他将军事行动与政治和社会行动相结合。其最初的战略是，放弃以前常用的通过使用武力迫使殖民地人民屈服的方法，只使用能够保证与当地人接触的轻微武力来支持社会和经济发展。通过这种方式，尽可能地使殖民地人民接受外来者，并防止反对运动的出现。

当莱奥蒂作为准将被派往奥兰地区平息反抗时，这种战略的运用达到了最辉煌的时刻。在上司给予他行动自由并授予他对政治管理的控制权之后，这位法国将军决定不对叛乱分子使用武力，只在极少数情况下有限地使用武力。他通过提供保护，并承诺提供医院、学校及其他社会福利赢得了部落的归顺。

1911 年，他被派往摩洛哥时，采取的措施包括尊重当地习俗、促进经济和创造就业机会。他只在极端情况下才使用军事手段，以确保安全和作为威慑力量。

对越南人民的误解

美国在越南惨败，因为他们并没有考虑到这是一个宁死不屈的民族。1963 年，当美国扩大其在越南的军事行动规模时，尼基塔·赫鲁晓夫向一位美国高级官员说："如果你们愿意，可以去越南的丛林中战斗。法国人在那里打了 7 年仗，最后他们不得不离开。也许美国人可能坚持更长的时间，但是你们最终也会离开。"

北越军队的指挥官武元甲对所发生的一切做了最好的总结：在1000 年的统治中，我们没有被同化。越南人民拥有不屈不挠的爱国主义精神。法国人说我们在奠边府不能获胜，但是我们获胜了。当美国进入越南时，很多人也说我们无法获胜。简而言之，决定胜利与否的是人为因素。

关于这场非常不对等的战争，巴巴拉·W. 塔奇曼批评美国政府低估了越南人对其目标的执着。他说，美国误判了敌人的动机，忽视了北越的民族主义热情和对独立的热情。塔奇曼补充说，美国人不知道如何正确解释斯多葛主义和东方宿命论。

简而言之，美国人犯了一个错误，就是不了解越南的历史、传统和民族性格。实际上，在任何有关越南历史的书籍中，他们都可以发现越南长期以来对任何外国政权都抵抗到底。用基辛格自己的话说，当华盛顿试图与河内政权谈判时，遇到了虔诚的列宁主义者。他们认为自己代表了不可避免的未来、绝对的真理和卓越的道德辨别力。他们也不愿意让步，只接受美国立即全部撤出和废除西贡政权，不接受除此以外的任何其他提议。

对俄罗斯人的误读

任何一个忽视民族性格的军事冒险都注定要失败。俄罗斯人习惯了战争和艰辛，经济制裁或任何其他措施都不会使他们屈服。他们爱国、好战，有强大的凝聚力，忠于其领导者，有统一的语言，并与特殊的历史和文化相联。严寒使俄罗斯人拥有无与伦比的耐力，不受任何挑战的影响。基辛格明白这一点，他认为俄罗斯人习惯于在抵抗中创造丰功伟绩，并且能承受最可怕的匮乏，就像在抵抗拿破仑和希特勒入侵的过程中所展示的那样。

利德尔·哈特清楚地描述了“二战”期间俄罗斯士兵的情况，他们与德国人曾面对的其他战士完全不同。哈特强调，俄罗斯人极度克己和遵守纪律。他们以最大的韧性进行战斗，拥有惊人的抵抗能力，这使敌人很少能够找到攻击的切入点。

电影的内容

每个国家制作的电影都很好地反映了其国民的特质，因为它们展示了整个社会的特点。我们从这些电影中可以获得很多信息，如关于人们行为的信息，甚至还有适用于外交政策的原则。就美国而言，许多电影和电视剧都显示出非常重要的地缘政治信息。在动作片方面，好莱坞是毫无疑问的世界大师。这些动作片提供了宝贵的信息，让我们了解美国如何对国际事务做出反应。这类电影有如下特点：

- 许多情况下，使用武力和暴力是最佳方案。
- 许多情况下，最终结果非常具有可预测性。
- 极其壮观，吸引观众的注意力。
- 强烈的善恶二元论，总有一个人或集体充当当下的“坏人”，他们通常表现为笨拙的、野蛮的、不道德的、不公正的。当然，他们在“好人”面前，明显是最终输家。
- 有强烈的文化优越感，认为自己负有天赋的使命。
- 尽管不那么明显，但“复仇”是许多电影的主题。

野蛮人来了！

色诺芬曾说，世界上任何地区的人都是在吃饭、喝酒、洗澡、躺下或睡觉时更容易被征服。物质丰富和精神颓废的社会，最终会被野蛮人征服。这些野蛮人没有任何东西，想占有一切。因此，关键的问题是，当今的“野蛮人”是谁。

最糟糕的是，直到野蛮人站在城墙的门口，文明人才会意识到这一点。正如霍华德写的那样：“在一个安全和宽容的社会中受过教育的诚实人会发现，强硬、无情的狂热分子对任何安排都不感兴趣，只对斗争感兴趣。”谈判是不可能的，他们甚至连谈判一词都不知道，只对征服、摧毁敌人和建立一个新社会感兴趣。

如果被侵略者以最大的决心奋战，还有生存的希望，但是过度富裕、惯于放松，以及多年的和平与幸福，使得他们几乎没有还手之力。

2．最大的优点也是最大的弱点

最大的就是最小的。

——维克多·雨果

你可以击败力量是你十倍的强敌，但你必须在敌人没有做好准备时，出其不意地采取行动。一方面，强大的力量本身并不能保证胜利，因为缺乏智慧将使这种力量失去效力。另一方面，乍看弱小的对手，会有效使用有限的资源，让强大的对手大吃一惊，甚至使对手惨败。

炫耀力量也会暴露弱点。在大卫和歌利亚的故事中，歌利亚大约2.5米的身高以及他的50千克的盔甲，使他变得笨拙和缓慢。其所面对的是几乎衣不蔽体的大卫，大卫利用他的技巧，以及有利于他的方式战斗，在足够接近歌利亚，但是歌利亚无法攻击到他的范围内，大卫用他的投石弹弓给歌利亚致命一击。

巨大的军事力量可能是一把双刃剑。中国军事理论家乔良和国际关系学者王湘穗说，最强大的国家往往是敌人最多、最受威胁的国家。这正是美国的情况。马朗什认为，美国及其盟友的原始力量，是基于人的世俗主义、不守纪律、不尊重传统美德和寻找人造天堂等特点；而其所面对的“政治士兵”，是以信仰为动力，后者为了达成目标，往往愿意做出最大的牺牲。

不对称的概念

有这样一个寓言，一只蚊子走近狮子，并对它说：“我不怕你，你并不比我强壮；你除了可以用爪子抓和用牙齿咬，还有什么力量？

我比你强多了。如果你愿意，我们开战吧。”蚊子嗡嗡地叫，然后用毒针刺破了狮子的鼻孔下面没有毛遮盖的皮肤。狮子开始用自己的爪子挠被叮咬的地方，直到晕倒。这个故事告诉我们，即使是最弱小、最微不足道的生物，也可以结束丛林之王的生命。也就是说，那些处于劣势的人，会攻击对手最柔软和最脆弱的地方。

战斗中的不对称性一直存在，每一方都在寻找一种战胜对手的方式。不对称对抗是历史上最常见的。

在伯罗奔尼撒战争期间，只发生了两次大型地面战役：曼提尼亚战役（公元前 418 年）和提洛战役（公元前 424 年）。修昔底德提到，鉴于雅典海军和强大的斯巴达步兵之间力量的不对称，最常见的行动是突然袭击、围攻，以及对农田的系统性破坏和在井水里下毒。

亚历山大大帝因公元前 334 年的格拉尼库斯战役而闻名，在这场战役中他击败了波斯人。而在公元前 333 年的伊萨斯战役中，他击败了大流士三世领导的60万波斯人，其中超过四分之一的波斯人死亡，而他只有 15 万人的军队，其中只有 300 人战死。①

弱者在战争中取得胜利的最典型的例子之一是西班牙的独立战争（1808—1814 年）。在这场战争中，西班牙人民拿起武器反对法国占领者。大约 200 支游击队平均每天可以消灭 40 名法国人。他们使用的是不规则的战术，包括狙击落单者及伏击小股卫队，凭借耐心和毅力，在 7 年中共歼灭 50 多万法国人。拿破仑·波拿巴感叹：“啊，西班牙战争，那该死的战争是法国悲剧的起源。”“二战”期间，当纳粹将军们放弃入侵西班牙以控制直布罗陀海峡的假设目标时，希特勒

① 击败大流士三世也就终结了波斯帝国，尽管这个帝国还有近百万步兵、4 万名骑兵、200 辆战车和 15 头大象。亚历山大大帝仅拥有 4 万名步兵和 7000 名骑兵。即使力量相差如此悬殊，仍有 30 万名波斯士兵丧生，而希腊人的损失是 100 名战士和 1000 匹马。

言语犀利地说："想都不要想。西班牙人是唯一真正勇敢的地中海人，他们会立即在我们的后方组织起游击队员。没有西班牙人的许可，不能进入西班牙。"

托马斯·爱德华·劳伦斯根据"一战"期间阿拉伯人对战土耳其人的经历，在他的著作《游击战》中，给出了弱者战胜强者的建议：在某些方面具有决定性的优势；从来不向敌方士兵透露行踪；拥有完美的智慧；充分利用宣传；创建一支充满活力、装备精良但是规模较小的队伍；寻找并专注于对手最薄弱的环节；参与道德战争而不是实际的战争；在运动中打击敌人，不是施加压力而是打击；使用爆炸性力量；尽最大可能采用不规则手段；拥有群众的支持；拥有充分的机动性；等等。毛泽东领导的游击战是劳伦斯游击战略的应用典范。

无论是在阿富汗还是在伊拉克，侵略者的战略目标是扩大冲突，造成更大伤亡，创造永久的不安全感，削弱民族凝聚力，迫使其政府采取有利于侵略者的决定。擅长心理战和媒体战的大师，都将行动的重心放在制造舆论和控制思想上，将语言和思想当作战争的突击部队。

恐怖主义

受政治、宗教、极端主义意识形态影响的武装团体，无论其追求的目标是什么，都习惯于利用恐怖主义。恐怖分子不仅想在军事上战胜极具优势的对手，还想让自己的事业获得合理和合法的宣传，以获得资金和支持者。

这些组织知道恐怖主义是一场演出，所以建立了高度专业化的宣传机构。通过这些机构，他们尽最大可能进行媒体报道，其目的是恐吓国内外的公众舆论和政治决策者。

恐怖分子完全知道，在当今世界，没有任何东西比图像更具影响力。他们必须向全世界宣告，他们的威胁无处不在。他们知道行动和宣传同等重要，他们用公众的反应来衡量行动成功与否。简而言之，正如玛格丽特·撒切尔所说，恐怖分子一直想得到宣传，那是他们的氧气。

网络空间为恐怖分子提供了廉价的、即时的并且具有一定程度保护性的平台。一些西方媒体间接或直接传播、扩散了网上的信息，这可能有助于恐怖分子的壮大。但是，民主社会里的公民又有知情权。该如何衡量呢？

“千年挑战”的教训

2002 年 8 月底，美国联合部队司令部宣布：“‘2002 千年挑战’——历史上最伟大的军事演习，取得了圆满成功。”

事实并非如此。这个计划了近两年的演习，持续了 3 个星期，耗费了 2.5 亿美元。涉及所有军队（陆军、海军、空军、海军陆战队和特种部队）和行政当局（国家安全委员会、能源部、国务院和美国国际开发署）的成员近 13500 人。全美计算机编程领域最负盛名的专家为其服务。参与演习者大致分布于 9 个真实的军事地点和 17 个虚拟地点，敌人是虚构的中东国家。大多数专家认为假想敌是伊拉克，也有人说是伊朗。

演习目的是验证当时的新颖概念——“军事变革”理论，出现了“基于效果的行动”“快速和果断的行动”“互动联合计划”和“行动评估网络”等术语。遗憾的是，表面的成功下面，隐藏的是一个巨大的失败。

美国海军陆战队中将保尔·范瑞普担任敌军部队负责人，对演习的真实结果深感失望。出于这个原因，在演习结束之前，他向一些同僚发送了一封电子邮件。在邮件中，他指出，应用一些错误的理论可能给陆军带来可怕的后果。范瑞普真的很生气，他不害怕名誉扫地。正如他所说的那样，结果从开始就被操纵了，因为只能有一个赢家——美国军队。

在这场历史上最昂贵的虚拟行动中，美国的一个假设是，有一名敌国将军（范瑞普的角色，红方）反抗他的政府，并打算将武装起义扩展到整个国家。美军还假设有 4 个恐怖组织支持反叛者。

一开始，范瑞普不得不面对蓝方所拥有的世界上最好的 42 种不同的计算机系统，但是这并没有使他感到任何恐惧。相反，他们将自己的军事才能发挥到了蓝方难以想象到的极致。蓝方的威胁和武力不仅没有阻止他们或使他们心灰意冷，反而使他们变得越来越好战。蓝方拥有一切手段和材料，而红方只有一些轻型飞机和小型船只，其中许多船只是渔船。

蓝方上万人登陆红方领域，并在其海岸布置了一支神勇的海军力量，以迫使红方接受他们的条件。蓝方发出了最后通牒，敦促红方投降。一切似乎都支持蓝方。他们的超级计算机用近千种不同的方式分析了反叛分子的反应。所有人认为他们是明确的胜利者。然而，范瑞普决心战胜他们。

凭借强大的技术，蓝方破坏了电缆并切断了所有通信，红方的整个电磁波谱完全受其控制。然而，范瑞普设法避免了这种封锁，用摩托车骑手传送最机密的命令，用灯光和旗帜引导飞机起飞和降落。知道自己被窃听后，他引导敌人误解自己的意图，并分散敌方的注意力。

由于是在本国进行军事演习，范瑞普最大限度地利用了对本国国土的了解和人民的支持。他命令所有可用的小船和飞机在蓝方船只周围“随意”旋转，以造成混乱。当蓝方认为这些力量无害并撤回对他们的密切监视时，范瑞普利用分布在全国的大量尖塔发送信息，命令自杀式船只、导弹部队进行大规模攻击。经过一个小时的轰炸，蓝军遭遇了巨大损失：海军的骄傲——包括航母和最强大巡洋舰在内的 16 艘战船“沉没”，“死者”总数上升到 2 万多。蓝方陷入了彻底的绝望。

面对这样的失败，演习的总负责人决定倒转时钟，使沉船重新漂浮。通过布置一个新的反导系统，阻止了范瑞普再次使用之前使用的导弹。他还复活了被红方消灭的有利于美国的当地领导人，同时迫使范瑞普断开他的雷达，以免造成干扰，并移动部队，让蓝军可以在没有阻挠的情况下登陆。

从那时起，范瑞普发出的指示须由他的参谋长乔治·尤特上校修改。在现实生活中，这个退役的上校是由联合部队司令部聘用的，他的直接上司是空军准将吉姆·史密斯——演习的总负责人。如果不想失去工作，尤特就得发出与范瑞普命令相反的指示，范瑞普最终因为不愿意继续这场闹剧而退出了演习。

在演习结束时，范瑞普写了一篇非常严肃的报告，共 20 页。根据他的说法，演习的主要推动者——时任国防部部长唐纳德·拉姆斯菲尔德和在他庇护下崛起的将军们，都不希望一位退役军人扰乱他们已经为波斯湾制订的计划。也许，演习的败笔在于选择了范瑞普中将——一个只知道如何赢得战争（包括模拟战争）的军人。他成为被夸大的“军事革命”中最糟糕的噩梦。作为克劳塞维茨的忠实追随者，他在越南的经历证实，战争本质上是不可预测的、令人困惑的，看似不那么有能力的敌人也可以使用所拥有的手段来获得胜利。

这项演习提供的教训是非常宝贵的。但是，应该吸取这些教训的人，却懒得去了解这些教训，继续犯着同样的错误。

高估自己

掌握过多的信息并不能保证更大的成功。相反，过多的信息会成为沉重的负担，不仅会延缓决策过程，而且还能导致失败。此外，拥有大量信息可能会使人产生过多的信心，并阻止可能有的相反意见。值得记住的是，当有太多的选择时，正常人的思维机制往往被限制。

个人、集体和国家在历史上经常发生的错误，是一直坚信自己拥有比实际更大的能力。在明显缺乏远见的情况下，这将导致其与对手之间发生激烈的对抗，因为他们相信自己能够击败不如自己的敌人。那些认为自己弱小的人往往更加谨慎，试图避免直接对抗，寻求通过其他更有益的方法来克服困难。

没有弱小的敌人，更没有不对称的敌人。就像在武术中，面对体格壮硕、肌肉强健而相对笨拙的拳击手，柔道武者会将自己的灵巧和敏捷转化为优势，利用对手的力量和重量制服他。

3．为意想不到的事情做准备

一个政治家必须愿意根据运气的指示和事物的变化而做出改变。

——马基雅维利

预测未来很明显是一个不可能完成的挑战，所以我们必须始终为意想不到的事情做准备。用现代术语来说，那就是预防“黑天鹅”——那些意外发生并产生巨大影响的事件。在当前多变的世界中，这类事件比以往任何时候都更有可能发生。

最好的办法是，永远做好最坏的打算。军事方面，即为最危险的情况设置安全措施。不要妄想当前的良好局面会一直持续，也不要认为在过去适用的解决方案在将来会继续有效。

行为方式适应所处时代的人将获得成功。为了应对不可预见的意外情况，自己的头脑必须是做好准备的、积极开放的和灵活的。灵活的头脑使你能够迅速适应外部环境。灵活并不意味着自由放任，要有计划，也要清晰地意识到计划可能不会完全实现。

战争也需要灵活，没有人能用一种战略赢得所有战争。作战需要数学上的精度，但是不能机械地进行重复。战争作为一门艺术，需要更多的直觉而不是数学演绎，如此方能掌握战场上的永久性变化。

尽管听起来令人惊讶，但是必须要考虑失败的可能性，做好失败的准备。遵循克劳塞维茨经典战争理论的人与赞同瑞士将军安托万·亨利·德·约米尼思想的人之间总是不断产生争论。约米尼认为，只要通过分析并应用基于数学和科学原理的适当程序，就可以保证胜利。克劳塞维茨强烈反对这种方式。他认为它忽略了战斗者的身体和心理影响、道德因素和指挥官的个性。战争充满偶然性，总是不可预测的。任何技术都不能完全消除意外。马基雅维利警告说："最容易做到的事情，就是敌人认为不可能实现的事情。人们越是不害怕的事物，越能伤害到他们。"达尔文曾说，活下去的不是最强大的物种，也不是最聪明的物种，而是适应性最强的物种。

当今世界的不可预测性比以往任何时候都要大。从公元1世纪到工业革命最火热的1900年，人们的生活方式几乎与他们所有的祖先一样，或者至少风俗变化的周期要以世纪来计数。但是在当前时代，一切却都以惊人的速度变化。

世界正在经历全球化，也有人因不想失去祖先的生活方式、思考方式和组织方式而拒绝全球化。人们的世界观多样化，这些世界观很难相互理解。更糟糕的是，很多人生活在一种不可饶恕的傲慢当中。他们认为不接受他们的生活方式和政治制度的其他人不仅是错误的，还是愚蠢的。他们认为自己的生活方式和政治制度远远优于地球上的其他人。这种信念会导致他们试图将自己的制度输出到其他地方，尽管这些地方没有申请也没有条件接受这种输出。

以时尚为例。在西方国家，"乞丐式"衣着获得了胜利，也就是说，人们热衷于购买和穿着满是破洞的衣服和裤子，这是对世界上数亿贫困者的真正侮辱。西方公司经常把他们的工厂搬迁到欠发达国家，因为工人的工资非常低，税收也非常低。

4. 幻想快速获胜

侵略者总是有一种轻松、快速胜利的幻想。

——曼努埃尔·弗拉加

人们常犯的一个错误是认为战争将是简短而容易获胜的，最小的努力和痛苦可以换取巨大的好处。这并不新奇，通常军队进入战斗时，都无视对手的反应能力，相信自己会迅速赢得战争胜利且没有任何损失。

这在历史上屡见不鲜。斯巴达参加伯罗奔尼撒战争时，确信自己将轻松地战胜雅典，以最低的成本获得更大的权力和威望。在美国内战期间，南方完全相信自己将取得胜利，因为它具有军事优势，还相信一个需要棉花的欧洲会站在他们那边。希特勒相信"闪电战"——既是一种战术又是一种战略，将迅速而有力地取得胜利。同样是在"二战”中，日本认为自己有能力发动一场可以在其认为合适时通过谈判来结束的可控制的战争。当美国考虑介入越南战争时，也发生了类似的情况，因为美国政府中没有人怀疑美国会用军事霸权实现目标。

领导者和人民都会犯错

约翰·G. 斯托辛格总结说，引发战争的最重要因素是一系列误解，主要表现在四个方面：领导者对自己的看法、领导者对对手的看法、领导者对对手意图的判断，以及领导者对对手能力和力量的理解。

不要把战争责任只归咎于领导人，有时国民也对战争过于兴奋。有的人从一开始就把战争当作一个机会，认为通过战争会获得奖牌和荣誉。

今天的欧洲也会重复同样的危险，年轻人受到电视、电影、互联网和电子游戏的误导，陷入某种黩武主义，尽管大部分人从未真正拿过枪，甚至连军事演习都没参加过。

第二次布尔战争

1899 年 10 月 11 日，与南非布尔人开战时，英国完全相信自己将非常轻松地取胜。这种推理似乎并不缺乏理由。在前一年的 9 月 2 日，英国军队在苏丹的恩图曼战役中大败当地的穆斯林。由英国将军霍雷肖·基奇纳指挥的英国和埃及联军，其数量只是阿卜杜拉·伊本·穆罕默德所统帅军队的一半，却在鏖战近 5 个小时后，消灭了近 5 万人的穆斯林军队，己方仅仅损失了 48 名士兵。在这场战争中，正规军的纪律是胜利的重要因素，技术优势则更重要——欧洲人用来复枪、机枪和火炮迎战大多使用长矛和前端装填步枪的对手。

当英国人看到其近 50 万人的军队将要在南非面对武器落后、组织松散的 5 万名布尔人时，相信自己会迅速获胜。但是，布尔人这样应对：他们没有选择公开对抗，而是采取了游击战术。这使得英国对支持游击队的平民（大部分是白人）采取了最严酷的暴力手段，将他们监禁在历史上首次出现的集中营当中。大英帝国经过 3 年的战斗，最终取得了胜利，消灭了由布尔人创立的奥兰治自由邦和德兰士瓦共和国。但是，英国人付出了惨痛的代价——牺牲了近 5 万名士兵，花费了数亿英镑。

俄罗斯和芬兰的冬季战争

1939 年 11 月 30 日，苏联利用几天前发生的边境事件，入侵了邻近的芬兰（1917 年，芬兰才摆脱了罗曼诺夫帝国一个多世纪的统治，取得独立）。在全面的扩张主义行动中，苏联的战略目标是保证位于苏芬边境的列宁格勒的安全。为此，苏联需要控制芬兰的领土。

这场冬季战争一开始，力量就非常不平衡。苏联的领土面积比芬兰大 50 倍，人口多 26 倍，拥有大约 6500 辆坦克和 3800 多架飞机。而芬兰只有大约 30 辆坦克和 100 多架飞机。在这种极不平衡的背景下，没有人认为芬兰能赢。参与行动的部长们，毫不怀疑芬兰会在年底前陷落。

很少人预料到，尽管力量悬殊，但芬兰人仍尽一切努力保卫自己的领土。他们决定实施游击战，消磨苏联人，使其疲惫不堪，直至撤兵。芬兰人民则无条件地支持芬兰军队，并为他们提供后勤保障。芬兰人还研发了由易燃液体制成的简易爆炸物。因其令人毛骨悚然的特征，这些爆炸物被幽默地称为“莫洛托夫鸡尾酒”，以嘲笑当时苏联的外交部部长——莫洛托夫（原名维亚切斯拉夫・米哈伊洛维奇・斯克里亚宾，俄语意思为“锤子”）。莫洛托夫定期通过广播发布信息，声称苏联军队没有向敌国人民投掷炸弹，而是投放食物，使他们不会因饥饿而死亡。而并没有处于饥饿状态的芬兰人，选择了具有讽刺意味的反宣传，称苏联炸弹为“莫洛托夫面包”，并说他们会为这些食物配上一些“饮料”，而这种“饮料”就是“莫洛托夫鸡尾酒”。

极端寒冷的天气，加上险峻的地势，使苏联战车不能发挥作用，而恶劣的天气条件也使空军无法支援地面部队。芬兰军队充分利用这一点来攻击苏联的后勤，使苏军无法得到有效的供应。

芬兰人不顾一切地抵御了苏联的入侵，并付出了巨大的代价。到1940 年 3 月，大约 26000 名士兵牺牲，几乎所有坦克和一半的飞机被毁。但是苏联付出的代价更大，大约 15 万军人死亡，3500 多辆坦克和 500 多架飞机被毁。

从纯粹的战略角度来看，最终的平衡也是不确定的。一方面，苏联实现了所追求的部分目标：芬兰不得不将其领土的十分之一割让给苏联人，其中包括卡累利阿的大部分地区。但是另一方面，苏联仍然无法控制其所渴望的其他芬兰领土。而且苏联暴露了其军事上的弱点，这刺激了希特勒在一年多之后开始入侵苏联领土。

沙特阿拉伯的失误

沙特阿拉伯对也门的袭击提供了一个最新例证。

由于担心亚丁——也门总统阿卜杜拉布·曼苏尔·哈迪的堡垒落入叛乱分子手中，担心伊朗将利用亚丁在也门施加影响，2015 年 3 月 25 日，沙特阿拉伯开始对胡塞武装进行空袭。当时，年轻的沙特阿拉伯国防大臣穆罕默德·本·萨勒曼宣布，这将是一场快速、简单的战争，不会对己方造成伤亡，并且会取得完全成功。

穆罕默德·本·萨勒曼于 3 月 26 日启动了由其政府资助的 10 个

国家的联盟。他认为这个联盟如此强大，几天之内就能击败也门的反叛分子。想到联盟由巴林、埃及、阿拉伯联合酋长国、约旦、科威特、摩洛哥、卡塔尔和苏丹等众多富国或其军队组成，而且美国和英国还会为其提供后勤支持，谁都不会怀疑，“暴风雨行动”一定能立即取得最终的胜利。

然而，沙特阿拉伯还是在也门陷入了困境，没有任何迹象表明其能够在也门建立一个稳定的政府，或者在目前的绝对混乱中实现一些和平。

穆罕默德·本·萨勒曼——世界上最年轻的国防部部长（1985年出生，自2017年6月起是沙特阿拉伯的王位继承人），应该在发动“暴风雨行动”行动前，读读北也门的内战史，这对他来说是大有裨益的。在1962年至1970年间的这场冲突中，埃及和苏联支持由阿卜杜拉·萨拉勒领导的共和派人，对受沙特阿拉伯庇护的伊玛姆·巴德尔国王发动了政变。为了支持新成立的共和国，埃及总统纳赛尔决定向也门派遣7万名士兵。但是埃及军队在也门遭遇了保皇派的顽强抵抗，不得不面对一些勇敢、坚定的战士——他们在战斗中几乎立于不败之地。看到无法取得胜利，纳赛尔最终撤回了他的部队。

5．不尊重他人的宗教信仰

意识形态流逝，宗教仍然存在。

——阿敏·马卢夫

伟大而聪明的领导人明白，要尊重被统治者的宗教信仰。

印度士兵的反叛

1857年，印度士兵（从大英帝国领取薪水的印度军队士兵）的反叛是由多种复杂原因引起的，但是毫无疑问，文化和宗教方面的冲突是重要因素。

一方面，英国东印度公司的官员与当地军队之间的密切关系（这使他们能够很好地了解当地人的文化）随着时间的推移而逐渐淡化。这主要是由于英国指挥官的家属不断来到印度，指挥官们更加重视与本国军官和官员的交往，英国人逐渐远离了当地人的语言和传统。

另一方面，印度教徒将现代技术的引入视为对其生活方式和社会经济组织的威胁。这加深了印度人对英国人在东印度公司接管的领土上逐步引入欧洲习俗的担忧。英国人也禁止了印度人的一些传统做法，例如女孩出生时将其杀害、要求寡妇为她丈夫殉葬等。此外，英国实施的司法制度被视为明显不利于当地人。

叛乱分子在反叛时声称的主要原因是，英国人引入印度的1853式后膛“恩菲尔德”步枪的弹筒包装纸涂有动物油脂。在打开枪膛装填子弹前，士兵需先用嘴咬破涂有动物油脂的弹筒包装纸，印度士兵表示他们不愿意这样做。如果是猪油，那将是对穆斯林的冒犯；如果是牛油，那将是对印度教徒的极端挑衅，因为对于他们来说，牛是神圣的动物。即使英国尽最大努力说服军队，这不是动物脂肪，并建议印度士兵用自己认为合适的物质涂抹弹筒包装纸，或用手而不是牙齿来撕开包装纸，但是谣言还是传遍了全军。

士兵中的印度教徒和穆斯林（有近20万人）确信，英国人故意破坏他们的宗教信仰，强加欧洲人的宗教价值观，因此，没有商量余地，叛乱就这样爆发了。在德里和密鲁特，很多印度人认为英国干涉本土文化的目的是将印度基督化，所以叛乱分子宣布：“印度教徒和穆斯林的兄弟们，快点加入我们，我们要打一场宗教战争……异教徒决定清除所有的穆斯林和印度教徒。”

维多利亚女王对这次起义印象深刻，她称整个国家都要进行一天的忏悔和祈祷。在水晶宫，女王与25000名听众一起见证了浸信会传教士——查尔斯·斯特金的煽动性宣言：“印度教徒的宗教只不过是可以想象到的最恶劣的污垢。他们崇拜的众神不值得一丝尊重……必须从鞘中拔出剑，以斩断成千上万不忠的臣民。”传教士的话语包含了圣战号召的所有特征，特别是只从字面上理解时。在坎普尔，一名姓尼尔的英国准将强迫被抓的反叛者舔西方受害者的鲜血。在白沙瓦，40名叛乱分子被绑在大炮口上，最后被“炮决”。在伦敦，《泰晤士报》建议在每一棵树和每一个屋顶上都要悬挂一名叛乱者的骷髅。在福音派传教士眼中，叛乱的发生不是因为英国人强加了其他信仰，而是因为现代化没有得到足够和快速的实施。

次年，英国东印度公司解散，伦敦重组其军队并改革了印度的行政金融体系，将其更名为英属印度，直接处于皇家领导之下。

对穆斯林犯下的错误

塞缪尔·P. 亨廷顿认为，西方国家向全球推行其价值观和制度，维持其军事和经济优势，并介入伊斯兰世界的冲突，这引发了深深的敌意。

西方国家甚至对伊斯兰国家的选举过程进行外部干涉。伊斯兰世界得到的教训是，遵循民主原则参选并不能保证获得权力，更不用说保持权力，因为在西方国家的大力支持下，当地精英永远不会允许在一个与西方利益相关的国家建立一个伊斯兰政权。因此，为了控制一个国家，唯一的选择是诉诸暴力。

在21世纪初的伊拉克，英国忽视宗教的意义，造成了悲剧性后果。当时，英军巡逻队遭到伊拉克叛乱分子伏击后，决定追捕袭击者。这些袭击者躲藏在一座清真寺，英军士兵也进入了清真寺。但是，他们携带武器进入清真寺的时候，没有意识到他们正在犯下伊拉克穆斯林眼中的严重罪行。此事引发了反对英国军队的大规模示威游行，英国用了近一个月的时间才重建起与该地区居民的关系。即使是对英军的入侵最不怀有敌视态度的人，也对英军携带武器进入清真寺表示强烈反对。

另一个例子发生在阿富汗境内。2012年2月中旬，在巴格拉姆空军基地（美国在阿富汗最重要的机场）附近的帕尔旺省拘留中心，6名美国士兵收集了在当地图书馆找到的所有《古兰经》以及其他伊斯兰著作。美军士兵认为被拘留者可以利用这些书传播伊斯兰教或交换情报，因此认为有必要将这些著作毁掉。

2月21日凌晨，来自基地的一些阿富汗工人看到一辆货车在一辆军车的护送下来到垃圾场。一男一女两名美国士兵，从卡车上卸下装满书的袋子，将它们扔进焚烧坑。乍看没有什么异常，因为两个士兵既不重视自己所做的事情，也没有试图隐藏什么。好奇心驱使阿富汗工人靠近，当看到被焚烧的是《古兰经》时，阿富汗工人先是震惊，接着是暴怒，向美国士兵喊叫，说这是他们的圣书，不能烧，并阻止美军士兵继续这样干。

面对这种意外的反应，美军士兵离开了垃圾场。但是被扔进焚烧坑的两袋《古兰经》已开始燃烧。目击者试图扑灭大火并取出袋子，但是只救出了部分《古兰经》，还是有十几本《古兰经》被全部或部分焚毁。

拿着从火里救出来的《古兰经》，阿富汗工人赶紧通知在基地的其他阿富汗人。一些阿富汗人怀揣着半烧焦的《古兰经》离开了基地，向基地外的同胞们讲述了这一事件。消息像野火一样迅速传播开来。

几个小时后，2000 多人聚集在基地门口，以愤怒甚至暴力的方式表示抗议。消息渐渐传遍了整个国家。抗议活动不断扩大，并在某些情况下演变成了专门针对外国人尤其是美国人设施的暴力行为。除了平民以外，在喀布尔守卫森严的阿富汗内政部，一名执勤的阿富汗警察向一名美军顾问中校和一名美国指挥官开了枪。该事件最终造成 50 人死亡，200 多人受伤。

抗议活动并不仅限于阿富汗，也蔓延到了邻国巴基斯坦，尤其是边境地区，成千上万的人因为对无人机的频繁袭击不满，而举行反美示威游行。

与此同时，塔利班也没有浪费这个打击敌人的机会，积极促进示威活动，鼓励阿富汗人要求美国撤出所有外国军队，并指责外国军队不尊重他们的宗教、传统和文化。他们还呼吁阿富汗军队和警察奋起反抗北约部队。

经过长时间的调查，2012 年 8 月底，美国军方通知媒体，已经就烧毁《古兰经》的行为对 6 名士兵进行了行政处罚，但是却未提供进一步的细节。美国军方表示，上述士兵的行为既没有恶意，也没有对伊斯兰教的不尊重。毫无疑问，他们不知道《古兰经》是所有穆斯林最神圣的物质对象，这是“文化情报”的巨大失败。

2017 年 9 月 5 日，驻阿富汗的美军在帕尔旺省分发宣传单，内容是一只狮子（代表阿富汗军队和警察）追逐一只狗（指塔利班）。宣传单设计者在狗的图案上加上了塔利班旗帜的一部分，却未发现旗帜的这一部分写有“沙哈达”的句子——“万物非主，唯有真主，穆罕默德是安拉的使者”，也忽略了狗被穆斯林视为不纯洁的动物一事。

塔利班立即利用这一错误，动员民众反对外国军队和喀布尔政府，并对巴格拉姆空军基地发动自杀式袭击，以报复美军对伊斯兰教的侮辱。还有一些机构发出了谴责声明，例如该省省长穆罕默德·阿西姆要求追究责任并将责任人提交审判。

局势变得紧张起来，第二天，部署在阿富汗的美国联合特种作战部队的总司令——美国将军詹姆斯·B. 林德被迫向公众道歉，请求公众原谅，以求不再有新的示威或袭击。

聪明的统治者

波斯皇帝居鲁士具有卓越的能力和非凡的智慧，他尊重被征服的中东各国人民的民族和宗教情感。公元前 539 年，他解放了大约 40000 名犹太人的后裔。这些犹太人在半个世纪前被尼布甲尼撒二世俘虏并囚禁到巴比伦，居鲁士准许这些犹太人返回巴勒斯坦重建他们的宗教团体。在巴比伦，居鲁士下令，所有宗教都是合法的。居鲁士的继承者——大流士一世，通过一种特殊制度来推行阿契美尼德帝国的行政管理区域，其特点是允许每个省自由地信仰之前皈依的宗教。在占领埃及期间，亚历山大大帝意识到与埃及神职人员交好的政治重要性，所以在他所经过的城市，他都要参观城中的寺庙并向众神献祭。

如果有人以绝对不合理的方式选择死亡和杀戮，那是因为他的宗教信仰。这与其是否有学识无关，因为智力并不能排除狂热主义。所有宗教中都有极端主义者。他们可以为了捍卫他们的信仰而成为真正的野蛮人。在处理宗教问题时，必须要小心谨慎。

第六章　无法摆脱的罪恶：统治世界的恶果

恐惧、荣誉和利益是驱动人类活动的三大要素。

——修昔底德

美国军事历史学家维克多·戴维斯·汉森谈论战争时，说技术会发生变化，但是战争的动机、情感和措辞却一直在重复。傲慢、贪婪往往都会驱使将军们开战，汉森也毫不犹豫地说，情绪和利益通常是大大小小的战争爆发的真正原因。

无论一个人是多么公平、公正、聪明和善于反思，也不能完全避免虚荣、嫉妒、贪婪等。汉森认为，冲突在本质上是非理性的，往往是有血有肉的人类冲动的结果，其中也伴随着对荣誉、利益的追求。

接下来，让我们看看，由于无法摆脱的永恒冲动和低级本能，人类在地缘政治中犯下了哪些致命罪恶。

1. 自私

几千年来，人类的激情和动机几乎没有变化。

——卡普兰

个人的自私和集体的自私是世界发展的真正动力。但是，必须区分正面的自私（寻求自身利益，同时也有利于第三方）和负面的自私（寻求自身利益，但是或多或少会对第三方造成伤害），负面的自私往往比正面的自私更广泛和更普遍。

即使是世界上最慷慨和最敬业的人，如传教士或绝对利他主义的非政府组织工作者，他们帮助其他人也是因为在其中获得了满足感，尽管这种满足感是无意识的。

无论国家怎样掩饰自己的真实目的，其所做的一切都是有计划的，并非为了慈善。没有任何人或社会群体会永久地、有意识地做损害自己利益的事。也许母亲对孩子的感情除外，这是唯一出于爱和无私奉献的例子。当母亲在后代身上倾注无限的感情时，她的内心也会感到无比欣慰。

俾斯麦非常清楚，“大国政策唯一的有益基础是自私”。这种伪装的自私使戴高乐和其他欧洲领导人努力劝说美国结束越南战争，因为他们担心美国将注意力和资源全部投入亚洲，如此会损害欧洲的利益。意识到这一现实的布热津斯基认为，美国要充分地将理想主义与自私相结合，以发挥其全球影响力。

2. 欲望

悬浮在天堂和地狱之间的人类现实是永恒的。

——乔治·弗里德曼

欲望在整个人类历史中都占据重要地位。以其不可阻挡的情欲而闻名于世的俄罗斯的叶卡捷琳娜大帝和英王亨利八世的事迹都表现了个人欲望如何影响政治。

近几十年中，最引人注目的案例是1998年美国时任总统克林顿的丑闻，克林顿因为与白宫实习生莫妮卡·莱温斯基的丑闻，在政治上备受压力。据报道，从1995年11月到1997年3月，莱温斯基至少9次与总统发生过性关系，有几次甚至是在椭圆形办公室。就在国会准备对这位总统进行弹劾之时，12月中旬，克林顿下令对伊拉克实施“沙漠之狐行动”，原因是萨达姆·侯赛因与联合国视察员在消除大规模毁灭性武器方面缺乏合作。在保护“国家利益”的借口下，连续4天，美国向伊拉克发射了200多枚导弹。通过这种方式，暂停了对克林顿弹劾投票，最终其免于失去总统之位。

克林顿在几个月前已经使用过这个战略。在因“拉链门”事件被叫到大陪审团面前的3天之后，即8月20日，美国对苏丹和阿富汗实施了代号为“无所不至”的行动，对位于这两个国家的可疑恐怖分子基地进行了轰炸，官方理由是报复两周前基地组织恐怖主义分子对美国驻内罗毕和达累斯萨拉姆大使馆的袭击。

3. 懒惰

原则上懒惰似乎应该被排除在外，但是懒惰也在国际关系和地缘政治中发挥着作用。那些满足于现状的民族或者认为自己的发展水平更高的民族，往往会变得懒惰和粗心，不会意识到其他“饥饿”的民族想要尽一切努力夺走他们的财富和福祉。现实是，没有遭受苦难的人不会进步，因为感觉不到发展的需要，所以就蒙上了自己的眼睛，无法看到有许多人想要夺走他们的一切。

历史上那些被认为懒惰的国家，因为受到气候的影响，或拥有大量可直接获取的自然资源，或具有非常特殊的优势，整体比较散漫、萎靡。对于被入侵和被征服的事实，也是满不在乎，因为由其他人决定他们的命运，并没有使他们感觉到不便。相反，在很多情况下，他们对此感到很满意，因为无论统治者如何变换，他们的生活都没有什么改变，还是可以继续“唱歌和跳舞”。

4．贪婪

人类是忘恩负义、容易变心的，他们善于伪装、逃避危难、追逐利益；当你对他们有好处的时候，他们整个是属于你的；但是当危险来临的时候，他们就背弃你了。

——马基雅维利

在地缘政治领域，贪婪可以被理解为对自然资源的过度渴望，并试图掌控所有资源，甚至是不真正需要的资源。

一些西方国家的领导人，对亚马孙热带雨林（世界上最重要的生物多样性和自然资源保护区之一）所表现出来的过度关注即是如此。这引起了巴西人的极度担忧。这些领导人的讲话肯定不会让人无动于衷："与巴西人的想法相反，亚马孙流域不属于他们，而是属于我们所有人。"（美国副总统艾伯特·戈尔，1989年）"巴西需要接受对亚马孙流域的相对主权。"（法国总统弗朗索瓦·密特朗，1989年）

针对原油的战争也是如此。第一次海湾战争时的联军指挥官美国将军诺曼·施瓦茨科普夫说："如果科威特出产的是胡萝卜而不是石油，他们就不会把我派到这里了。"

贪婪无非就是过度渴望拥有尽可能多的财富，但是从不与其他人一起分享这些财富。它是一种永不满足的罪恶。

5．愤怒

愤怒只会导致伤害和杀戮。

——巴尔塔沙·葛拉西安

嵌入每个人内心的愤怒，是暴力的发动机。这种愤怒有巨大的毒性，即使非常温和的人有时也会变得暴力起来。愤怒也在指导地缘政治行动的时候起着主导作用。当愤怒导致暴力循环时，真正的问题就出现了。这种暴力就像从斜坡上滚下的雪球，不仅很难制止，而且其最原始的野蛮性还在不断增加。不要忘记德国哲学家和诗人弗里德里希·尼采所说过的话：与恶龙缠斗过久，自身亦会成为恶龙。

古典主义者也害怕愤怒。吕齐乌斯·安涅·塞涅卡将愤怒比作一种酸。这种酸对储存它的容器所造成的伤害，远比将其倾倒在任何物体上所造成的伤害大得多。这种反思与阿尔伯特·爱因斯坦在1932年写给西格蒙德·弗洛伊德的信中所提出的内容相似："人们的内心深处有仇恨和毁灭的欲望。通常情况下，这种激情处于休眠状态，只有在非常条件下，才会迸发出来。但是调动这种激情，使之成为一种集体癫狂的力量，相对而言并不太困难。"

6．嫉妒

在生活里的所有紊乱中，嫉妒是唯一没有人承认的紊乱。

——普鲁塔克

如今，嫉妒可能与对不公正的看法联系在一起。目前的卫星电视和互联网等，使世界上的大多数人能够更容易地了解世界其他地区正在发生的事情，而在几年之前，通信手段还没有这么发达。这种对世界其他地区的了解深受物质主义的影响，而物质主义提倡的幸福在于对物质的占有。这使得弱势群体开始思考，为什么他们不能享有其他人所享有的丰富物资。这曾推动了寻找“地球天堂”的移民运动，但是它只不过是嫉妒的一种形式。从某种意义上讲，嫉妒不一定是有悖常理的，甚至经常是合法的，人们只是渴望拥有与其他人相同的东西。

嫉妒有两种类型：一种是一个人渴望通过个人努力——勤奋学习或辛苦工作，拥有在别人身上所看到的东西。这种嫉妒具有建设性，是合理、合法地推动进步的发动机。正如西班牙作家米格尔·德·塞万提斯所说的，“野心——慷慨的野心，是那种想要改善自身状况又不损害他人的野心”。还有一种嫉妒是以卑鄙和下流的手段，牺牲他人的利益来满足自己。遗憾的是，第二种嫉妒比第一种嫉妒的范围更广泛。

在各国之间也存在嫉妒，国家之间存在的差距，是产生不稳定及冲突的重要因素。根据伯恩哈德·冯·比洛的说法，在“一战”之前，德国人从未被人爱过；但是随着他们的进步，他们开始被憎恨。这也是皮埃尔·塞文特所看到的。他认为，自古以来，富裕和人口稀少的土地一直吸引着贫穷和人口过剩地区的人们。世界上没有比既是富人又是弱者更糟糕的事情。

历史上因为享有特权地位和享受最大权力引起他人嫉妒而导致衰败的典型例子，就是圣殿骑士团。圣殿骑士团积累了大量的财富并组织了一个高效的经济体系，结果却引起了国王和教皇的嫉妒。满怀嫉妒的法国国王，于1307年发动了一场消灭圣殿骑士团的运动。最终，圣殿骑士团的大部分财产都落入了法国之手。

7. 傲慢

一些国家总认为自己是最先进和最发达的国家，还鄙视、羞辱甚至想要改变其他人类群体的生活和社会组织方式。

塞缪尔·P. 亨廷顿在他的著作《文明的冲突》中巧妙地描述了西方的傲慢：

"在西方文明之中，人们对其文化的普遍性深信不疑，并相信他们的优越权力尽管在衰落，但赋予了他们将这种文化扩展到全世界的义务。因此，西方和伊斯兰世界之间存在冲突。伊斯兰世界的人们坚信自身文化的优越性，但是担心自己的权力处于劣势。"

在 1848 年的一次演讲中，英国外交大臣帕默斯顿勋爵毫不掩饰地表达了英国人的傲慢态度："我可以毫不夸张地说，英国人在道德、社会和政治方面处于文明的顶端。我们的任务是向其他国家展示道路并引导他们前进。"

在那些身居高位特别是担任公职的人身上，傲慢也时有发生。教皇亚历山大六世说，统治者从不听取真相，最终也不想听到真相。或许正如康德指出的那样：拥有权力，不可避免地损害了自由判断的理性。从这个意义上说，由于短视、缺乏信息和历史创造力，美国统治者相信他们的民主制度和生活方式可以应用于任何地方。

乔治·弗里德曼说，理想主义总是等同于骄傲。历史上，以理想的名义制造了太多的痛苦和悲剧。一些人挥舞理想主义的大旗，发动了很多不必要的战争，毁灭了很多国家，夺去了很多人的生命。被自己的想法所蒙蔽的理想主义者往往无法理解他人的想法，通常也不愿意去理解他人的想法。

8．野心

世界上最大的邪恶是什么？非常清楚，是对权力和金钱的野心。这种野心是已经发生及将要发生的所有不幸的万恶之源。

——季诺

《为什么有战争？》收集了爱因斯坦和弗洛伊德之间的通信，引起了人们对信件内容的关注。在信中，爱因斯坦提出了要与弗洛伊德讨论的问题：有没有办法使人类免受战争的蹂躏。希特勒上台之后，爱因斯坦决定放弃德国公民的身份，并移民美国。

这封信深刻反思了人类的野心，例如人们对权力的渴望和对金钱的膜拜。对权力的渴望是所有国家统治阶级的典型特征，这种渴望能够持续下去，是因为得到了另一团体的行动支持，这个团体的动机纯粹是谋利。我尤其注意到，这个规模不大却十分坚定的团体，将战争、制造与贩卖武器看作扩大个人利益、增强个人权力的机会。对于大多数人来说，战争意味着损失和痛苦，这一小团体是如何做到扭曲大多数人的意志，使其为自己的野心服务的？（在所提到的大多数人当中，不包括那些选择了战争作为职业的士兵，因为他们相信自己是为了捍卫民族的最高利益而战斗。）

毫无疑问，对权力的渴望也引发了其他一些愿望，例如支配他人、获得大量金钱以满足各种欲望等。他们以其他人的利益为代价使自己脱颖而出，因为所有一切都建立在比较的基础之上，为了让自己更好，其他人就必须更糟糕。

后　记

要想获得真理，必须在一生之中把世界上所有的事物都怀疑一次。

——勒内·笛卡尔

在日益复杂的世界当中，受技术特别是通信技术发展的影响，各种变革迅速发生，我们这个时代存在着巨大的不确定性。

目前，大国只是通过代理人和所谓的“混合战争”开展这种斗争。而“混合战争”包括经济胁迫、恐怖主义、犯罪活动及引发内乱等。在这种情况下，在全球范围内，通过经济进行的对抗显得十分突出。所有国家都积极或消极地参与其中。大国之间也持续发生地缘政治斗争。这种斗争的实质，是通过情报机构、外交部门、特种部队和全球范围内的文化输出发挥自己的影响力。

网络空间已经变成了对抗的主要战场，斗争的方式主要有盗取数据、破坏或篡改系统和服务器等。此外，还有其他因素导致了世界的不稳定，例如：不受控制的大规模移民运动、全球变暖、一些国家对权力和扩张的渴望、健康风险、不可预测的自然灾害、恐怖主义和世界诸多地区的不稳定等。最重要的是，唐纳德·特朗普担任美国总统后，新的世界秩序正面临极大的不确定性。

解决之道在于和平共处。每个国家，无论大小，都能够根据自己的意识形态体系和所处环境（发展程度、历史、文化等）发展，同时，不把自己的意识形态强加于人。

和平共存与和谐相处，并不要求所有团体和个人完全融合，更不要求大多数人拥有一样的生活方式。只要所有人能够融入社会，具有存在感，能够分享权利和义务，能够容忍差别就足够了。社会的共同原则应该是对法律的完全尊重。

同样，必须保证普遍的和平，资源必须在国家内部和国家之间公平分配，否则总会有不稳定因素。遗憾的是，现实社会并不是这样的，而且有很多人怀疑这样的社会是否会在未来出现。正如我想说的那样，人类的野心、控制欲、对财富和荣誉的渴望、骨子里的不善良、对他人的蔑视等，构成了一个人类似乎无法逃离的恶性循环。

本书所描述的地缘战略被一些西方大国反复使用。它们经常披着人道主义的外衣。这些国家在叙利亚和伊拉克当前的冲突中利用大众传媒，使人们越来越难以了解事情的真相。目前在欧洲建立的难民营中所发生的恐怖场景就是对穷人的利用。

“抽梯子”仍然是强国的一个基本手段，强国不希望其他国家也登上统治世界的高塔，因此不让其他国家拥有核武器或使用其他货币进行贸易。

被大肆吹嘘的国际司法体系只不过是一些西方大国手中的工具。正如我们在中东等地发生的冲突中所看到的那样，国家司法体系成了这些国家随意使用的工具。

为了掩盖对权力的攫取，西方大国使用“香槟杯”战略。为了出售大批武器，这些国家制造敌人，创造需要。

宗教热情被某些人利用，但是大多数时候，其背后的真正目的被追随者忽视了。追随者经常毫不犹豫地采取最野蛮的行为来捍卫自己的信仰。

“促进分裂”是一个经过精心计算的、使全球巴尔干化的战略。这种始于欧洲的战略，可能由某种强大的力量所领导，影响到了所有大陆，其目的是更好地控制世界。

“间接控制”也可以通过控制燃料和能源来实现。水也是如此——由于城市人口的增长和生活水平的提高，水的直接或虚拟消费将会增加。

从我在本书中揭露的所有内容可以推断，没有好与坏，也没有更好与更坏，因为所有国家都以自己的方式和拥有的手段追求相同的目标。实际上，好或坏，总是主观的。所有情报部门和军队基本上都做同样的事情：捍卫自己国家的利益。

致　谢

我首先要感谢 Ariel 出版社的主任弗朗西斯科·马丁内斯·索里亚，正是他鼓励我写这本书。没有他的良好建议和不断支持，就没有这本书的诞生。

我也必须感谢我的家人。我的孩子们一直给予我鼓励，当我被其他活动累得喘不过气的时候，他们鼓励我不要放弃。此外，我的女儿艾琳，像专业的记者一样，督促我严格地修改内容。

在写作过程中，有很多艰难的时刻都是我的妻子陪我度过的。如果没有她的陪伴，我相信我永远不会完成这本书。

我也有幸获得了一些好友和学生的大力支持。他们在获悉我将写这本书时，就主动提出要提供帮助。他们像文献专家和研究人员一样，为我提供思路，帮助我修改草稿。

还有一些同事为本书的写作提供了帮助。空军上校安赫尔·戈麦斯·德阿格莱达毕业于参谋学院，是一位有能力、有才干的军事专家。陆军中校德尔芬·马里尼奥·埃斯皮涅拉曾任首相办公室技术顾问，现供职于工程师部队，是一位颇具查找错误天赋的军人。国民警卫队成员路易斯·安东尼奥·贡萨雷斯·弗朗西斯哥是一位杰出的研究员和分析家，一直为我提供建议。丹尼尔·马丁·门松是军事历史和战略的爱好者，他不遗余力地向我提供宝贵的帮助。社会活动家马里奥·桑切斯·格拉萨是良知的代言人。克拉拉·帕拉西奥斯·费尔南德斯显露了超常的积极性和工作能力。努里亚·赫尔南德斯·加尔西亚也在本书的撰写过程中，发挥了关键作用。

当然，我要把最热烈的感谢送给你们所有人——我的读者们，感谢你们不厌其烦地拿起这本书。我希望这本书能对你们有用，也希望你们能喜欢阅读这本书。